あなたも陥る身近な犯罪

Familiar crimes that you may also fall into

城 祐一郎
TACHI Yuichiro

成文堂

はしがき

　本書は、昭和大学リカレントカレッジにおける成果物です。現在の日本政府も、社会人のスキルアップのために、リスキリングの推進に務めているところ、昭和大学は、以前から社会人教育にも力を入れており、そのため、優秀な講師陣による各種のリカレント講座を用意しています。その中で、筆者が担当した社会科学部門での講座において、法と無縁の方たちのために、何か役立てることがないだろうかとの発想から生まれた講座が「あなたも陥る身近な犯罪」であり、そこでの講義内容が本書のベースになっています。

　すなわち、法律や犯罪にまったく縁のない市井の方々のために、ひょっとしたら自分もやってしまうかもしれないという犯罪を選んで、できるだけ平易な言葉で解説したものが本書です。普通に生活をしている限り、犯罪とは縁のない社会にいることから、自分が犯罪の被害に遭うなどということがないのはもちろんのこと、ましてや自分が犯罪者になるなどということは、想像すらできない事柄だろうと思います。

　しかしながら、最近では、SNSが発達し、誰でもが気軽に社会に対して自分の意思を発信して表明し、それを多くの人に受け取って読んでもらえるようになりました。以前であれば、雑誌等に文章を掲載してもらえるような人だけが持っていた特権が誰にでも与えられたわけです。ただ、その反面として、ついうっかりとアップしたことが、言い過ぎであったり、誰かを傷つけたりしまうことがあります。その言動に対する批判が殺到して「炎上」と呼ばれる事態も起きることもあるようですが、それだけで済んでいるなら、まだ大丈夫です。問題は、そこにアップしたことが刑法などの法律に抵触するような場合です。そのようなことは自分には絶対に起きないと言い切れるのでしょうか。

　また、現在の我が国は高齢化が進み、多くの高齢者を同様の高齢者が介護しています。しかしながら、行政面から十分なサポートが提供されているとは限りません。そういった中で、耐え難い苦痛に苦しんでいる実親や配偶者を見るにつけ、さらに、「死なせてほしい」と懇願されたりした場合、慰めや励ましの言葉を与えるだけで、実際のところ、苦しませるだけで何もしないということができるのでしょうか。現代の医学でも患者の苦痛を完全に取り去ることはできません。そういった狭間の中で、死なせてあげるという手段を採る人たちと同様の気持ちになることがないと言い切れるのでしょうか。

　さらに、誰かを好きになるという自然な気持ちは誰もが持つものです。そして、その感情に従って、相手に振り向いてもらいたいと思い、色々とアプローチをするなかで、ついやり過ぎたりするようなことはないでしょうか。あなたに会いたいから仕事帰りの路上で待っていましたなどということを実際に行ったことがある方もおられるのではないかと思います。でも、そんな行為が繰り返されると相手方にとっては迷惑となる場合もあります。自分がしていることは相手に迷惑になっているようなことはないと断言できるのでしょうか。

　加えて、多めのおつりをもらった場合に、ラッキーと思って、そのままにしているようなことはないでしょうか。目的地が無人駅だから切符を渡す駅員もいないのだから、短い区間の切符だけで乗ってしまおうとしたことはないでしょうか。さらには、自分の口座に知らないお金が振り込まれていたような場合、これを使ってもいいのかなと思うようなことはないでしょうか。

　最後に、最近、バイトテロによる動画とか、客による迷惑行為の動画がSNS上にアップされて、飲食店が大変な被害を受けることが頻繁に起きています。この場合、そのような迷惑行為に及んだバイトや客には、果たして刑事責任が問われるのでしょうか。

　上に述べたことはいずれも立派に犯罪となり得ることです。自分が陥ることはないと思っている犯罪が意外と身近にあり、足をわずかに踏み外すだけで陥ってしまうことがあり得ます。そのようなことが起きないように、転ばぬ先の杖となるようにと本書を著したものです。そのため、実際に皆さんがやってしまいそうな13の事例を作成した上で、それぞれ分かりやすく解説いたしました。

　また、併せて、そのような間違いを犯してしまった場合、警察や検察でどのような扱いを受けるのかについてもできるだけ具体的に書いておきました。検察官による起訴・不起訴の処分のラインなども、私が検事として35年間勤務してきた中で得た感覚に基づいて書いたものであり、他の書物ではそのような具体的な記載はほとんど見られないものです。

　なお、本書は、法学を学ぶ学生にとっても、基礎を踏まえた上での発展的思考を身に着けることができるようにと考えて作ってあります。法学に興味のある学生にとっては、楽に読める上、実践的な法的思考が身に着くものと思っています。

　本書が、皆さんの今後の人生において、読んでおいてよかった、役に立ったと思っていただけるようなものになっていれば望外の喜びです。
　では、万一にでも犯罪に陥らないために、本書で地に足のついた人生をスタートさせましょう。

　最後に、本書に出版に当たっては、㈱成文堂の『刑事法ジャーナル』編集長である田中伸治氏にひとかたならぬお世話になりました。同氏の献身的な貢献がなければ本書が世に出ることはなかったものです。ここに厚く謝意を表したいと思います。また、本書のイラストは、ACワークス㈱によるフリービーACのフリーイラストを使わせていただきました。同社に対しても感謝

の意を表したいと思います。

　令和5年9月

昭和大学医学部法医学講座教授

城　祐一郎

目　次

序　論

〈はじめに〉

　本書では、誰でもがついやってしまいそうな、また、逆に、いつでも自分が被害に巻き込まれるかもしれないような、身近に起きるおそれがある犯罪に関してお話ししたいと思います。

　日常生活の中に何気なく潜んでいるような犯罪に関わる危険性を、普段はまったく意識しないで生活しているものの、何かの拍子にそれが犯罪として表に出てきてしまうことがあります。自分としては、

さほど悪気はなかったのに、それが大事になり、最終的には、警察沙汰になってしまってから後悔しては遅いので、転ばぬ先の杖となるように、できるだけ平易に日常生活に関わる法律問題を解説しようと思っています。

〈法律はどのようになっているのか〉

　皆さんは、六法全書という言葉は、知っていると思いますが、でも、実際に、六法全書を手に取ってそれを読んだ人というのは、それほど多くはないと思います。そもそも、現在、「六法全書」と称されるものは、有斐閣という老舗の法律書の出版社しか出していないのですが、まず、分厚いし、重いです。そして、値段も１万数千円もします。ですから、世の中には、それをコンパクトにして○○六法などとしたもの、例えば、建設六法とか医療六法などというように、それぞれの分野で必要とされる法律だけを集めたもので六法全書の要約版のようなものが出されています。

　なお、六法全書の「六法」というのは、憲法、民法、商法、刑法、民事訴訟法、刑事訴訟法の６つの基本的な法を指しています。

　その六法全書に掲載されている法律ですが、それらはすべて条文というものが羅列されています。その構成ですが、例えば、刑法の条文は、すべて○○をした者は、○○という処罰を科しますという形で規定されています。つ

まり、禁止する行為をまず記載し、そして、それに及んだら、どの程度の刑罰が科されるかという書き方がなされているのです。例えば、殺人罪については、刑法199条に規定されており、そこには、

　　第百九十九条　人を殺した者は、死刑又は無期若しくは五年以上の懲役に処する。

とされています。ここでは、「殺した」という行為に及んだ者に対しては、死刑などの刑を科しますよということが書かれているわけです。

〈論理的な解釈の方法〉

　法律では、条文に書かれたことを理解する上で、さまざまな解釈技法が用いられます。もっとも、条文の読み方として特別なものがあるわけではありませんが、その解釈の仕方としては、次のことを覚えておいていだければと思います（ただ、これは法律の条文に関してだけ使われるものではなく、論理的な解釈の方法として、世間一般で用いられるものです。）。

　法律の条文の解釈を含め、論理的な解釈の仕方などとして通常よく挙げられてものとして、**文理解釈、反対解釈、勿論解釈、類推解釈、拡張解釈**（又は、**拡大解釈**）などが挙げられます。

　まず、文理解釈とは、文章の意味を文字どおりに解釈するという、いわば当たり前の解釈です。例としては、「このマンションでは犬や猫などのペットを飼ってはいけません。」という文章があったとすれば、「犬や猫などのペット」がダメである以上、狐を飼ってもいけないということになります。これは文理の流れからしてそのように読めるわけですが、このような解釈の仕方が文理解釈です。

　また、反対解釈は、その文言から反対の意味をくみ取って解釈することです。例えば、「黒い犬を飼ってはいけません。」という文章があったとすれば、これを反対解釈すれば、白い犬なら飼ってよいということになります。このような解釈の仕方が反対解釈です。

　また、勿論解釈は、その文言からある意味当然に導き出される事項を解釈することです。例としては、「餌代がかかるから子犬を飼ってはいけません。」という文章があったとすれば、子犬の餌代でもだめなら、成犬ならもっ

と餌代がかかるので当然だめ、つまり、成犬を飼うのは勿論ダメですということになるでしょう。このような解釈の仕方を勿論解釈といいます。

さらに、類推解釈ですが、ある事項を前提として類似のものも許容しているのではないかと解釈することです。「他の人に迷惑なので犬を飼うことは禁止します。」との文言があったとすれば、これを類推解釈すれば、迷惑をかけるなら熊でも同じことですから、熊を飼ってはいけないという解釈をすることになります。このような解釈の仕方を類推解釈といいます。

最後に、拡張解釈ですが、ある事項を前提として、その意味するところを広げて解釈することです。「動物を飼うことは禁止します。」という文言があったとすれば、動物というのは、要は人間以外ですから、鳥を飼うのも禁止ですという解釈もできると思います。このような解釈の仕方が拡張解釈です。

これらの解釈技法が、それぞれの法律の条文を読む上で用いられることになります。

第1章　名誉毀損罪・侮辱罪
──SNSでの悪口の発信が犯罪になるの？──

事例(1)

　甲野花子と乙野明美は、その子供らがA小学校の同級生で親しかったことから、いわゆるママ友として仲良く付き合っていた。いつも火曜日の午後は、一緒にお茶をするという習慣も出来て楽しく過ごしていた。ところが、明美が丙野良子と付き合うようになって、花子は、良子の子供が自分の子供をいじめたことがあり、良子のことを快く思っていなかったことから、自分を差し置いて良子と仲良くしている明美に対しても不満の念を持つようになっていった。

　すると、そのころ、同じくママ友の一人である丁野幸子が、花子に対し、「明美さん、あなたのことをずる賢い人だって、悪口を言いふらしているみたいよ。」などと吹き込んだことから、花子もそれを信じて激昂

し、明美に仕返しをしようと考えるに至った。

　そこで、花子は、SNS上に匿名で、「乙野明美はA小学校の教員である
B先生と不倫をしている。二人が手を組んで歩いているのをみんなが見
たのです。」などとまったくの嘘を書き込んだ。すると、この話がA小学
校中に瞬く間に広がって大騒ぎとなった。
　①　この場合、花子にはどのような法的責任が問われることになるの
　　　でしょうか。
　②　この時、花子が勝手に上記のような嘘の話を作ったのではなく、
　　　幸子からその話を聞いて、それを本当のことと信じ、児童の教育上
　　　の配慮から、教員との不貞行為を糾すために書き込んだとしたらど
　　　うなるのでしょうか。
　③　あるいは、花子が書き込んだ内容が、「乙野明美は、ただの男好き
　　　の馬鹿だ。」というものであった場合はどうでしょうか。

〈この事例への考え方〉

　ネット上は、誰かと対面しているわけではないので、つい言い過ぎたよう
なことを平気で書いたりしてしまいます。相手が目の前にいれば、その反応
を見て、あっ、言い過ぎた、まずいななどと思って、すぐに訂正したり、言
い直したりできるのですが、ネット上では、書きすぎたことはそのままアッ
プされてしまい、その瞬間に拡散されますから、訂正のしようもありません。
　しかしながら、一旦、世の中に出されてしまった内容において、法的に問
題があれば、それは刑事罰や民事訴訟の対象となってしまいます。この事例
では、どうでしょうか。花子は、ママ友との人間関係のもつれから、つい
ネット上に書き込んでしまったようですが、花子は、なんらかの法的な責任
が問われることになるのでしょうか。

〈①の場合の問題点──名誉毀損罪の成否──〉

　ここでの事例では、花子は、SNS上に、明美を指して、不倫をしていると
書き込んだのですが、明美にしてみれば、いわれのない誹謗・中傷を受けた

ことになるでしょう。明美からすれば花子のしたことは許しがたい行為であるということになると思います。

　このような場合には、花子に対し、刑法230条1項において、

　　第二百三十条　公然と事実を摘示し、人の名誉を毀損した者は、その事実の有無にかかわらず、三年以下の懲役若しくは禁錮又は五十万円以下の罰金に処する。

と規定されている**名誉毀損罪**が成立する余地があります。この罪は、人の名誉を傷つけたことに対する刑罰であり、このような不名誉なことが街の人々の間に広まれば、本件でいえば明美の評判はがた落ちになりますから、そのような行為をさせないように刑罰をもって禁止することが必要といえましょう。

　ただ、刑事罰が科されるためには、先の条文に書かれた内容、これを**構成要件**と言いますが、これがすべて満たされている必要があります。実際のところ、刑事事件の捜査は、条文に書かれている構成要件を満たす事実関係の確定とそれに見合う証拠の収集のためになされるものです。ですから、犯罪の捜査に従事する刑事さんたちは、刑法などの刑罰に関する法律にどのようなことが書かれているのかをよく知っていなければならず、その意味では、捜査のプロは、法律のプロでもあるのです。

　では、本件では、花子の行為は、この刑法230条1項の条文に書かれた構成要件を満たしているのでしょうか。その判断のためには、まず、この条文に書かれている文言が意味していることを正確に理解することが求められます。

〈名誉毀損罪の構成要件の解釈と適用──「人の名誉を毀損」という構成要件──〉

　そもそも名誉毀損という罪名にいう「名誉」とは、何を意味しているのでしょうか。広辞苑によると、「ほまれあること。よい評価を得ること」などと書かれていますが、社会的に立派であると評価されることを表していると言ってよいでしょう。

　刑法上の解釈としてもこれと似たように考えられており、ここでいう「名誉」とは、人の社会的評価であると考えられています。その社会的評価を低下させるおそれのある行為が「毀損」であると言われています。つまり、人

は社会生活を送る上で、一定の評価を受けているわけですから、それが不当に低下させられるようなことがあってはならないわけであり、そのような行為に対しては、名誉毀損罪として処罰することで抑止しようとしているのです。

　したがって、実際に、その人の名誉が社会的に低下させられたというまでのことが必要なわけではなく、そのおそれがあるような、つまり、そんな事が人に知れたら私の評価が下がってしまうと心配になる状態に至るだけで、この罪は成立するものと考えられています。本件でいえば、明美が不倫をしたという話が広がるだけで、明美の評価が下がるおそれがあるといえるでしょう。もちろん、聞き手によっては、そんな話は嘘かもしれないと冷静に受け取ってくれる人もいるとは思いますが、そのまま鵜呑みにしてしまう人もいるでしょう。そのおそれがあるだけで、名誉毀損が成立するということです。

　では、どのようなやり方で人の名誉を「毀損」した場合に、この罪が成立するのでしょうか。刑法230条1項は、一定の要件を満たした「毀損」行為を刑罰の対象としていますので、次に、その点について説明いたしましょう。

〈名誉毀損罪の構成要件の解釈と適用──「公然と」という構成要件──〉

　刑法230条1項では、まず、最初に、「公然と」という要件が登場します。そこで、ここでいう「公然と」とは、どういう意味であるのかを知っておかなければいけません。要は、みんなが分かるような状態ということだろうと言われると思いますが、だいたいそれでOKです。

　これを法律的にいうと、「公然と」という要件は、不特定又は多数人が認識し得る状況をいうと解釈されています。なにか法律的に言うと、簡単なことをやたらと面倒なことに変えて言っているだけのように思われるかもしれませんが、実際のところ、そういう面もあることは否定できませんよね。

　ここでいう「不特定」というのは、特定されていないということで、誰がそのことを知るのか分からないという状況です。ネット上へアップすることは、誰がそれを見るか分かりませんから、当然に、この「不特定」の人が見られる、つまり、認識できる状態に置くことになります。したがって、条文

に規定されている「公然と」という要件を満たすことになります。

また、「多数」というのは、少数ではないということで、一般的に、何人以上という言い方は難しいのですが、少なくとも3人以上であれば、多数といってもよいと思います。要は、大勢の人が知る可能性がある状況が作り出されていれば、それも先の「不特定」の場合と同様に、「公然」という要件を満たすことになります。

ですから、逆に言えば、特定の人間関係に基づく少人数の間で話しただけでは、この「公然と」という要件を満たさず、名誉毀損罪は成立しません。もっとも、それが少人数であり、特定の仲間内であるとしても、その中にとてもおしゃべりな人がいて、その人が聞いたら、絶対にみんなに話してしまうというような状況があれば、これは、その人を介して話が拡散することは確実と見込まれますので、「公然と」という要件に該当するおそれがあります。

もっとも、この事例では、SNS上に、明美が不倫をしているなどと書き込んだ以上、これは先にも言いましたように「不特定」の誰でもが見る可能性があり、また、どれだけ「多数」の人が見るか分からない状況なのですから、「不特定又は多数人が認識し得る状況」という要件を満たすことに間違いありません。

なお、例えば、そのような文言をSNS上にアップしたものの、やっぱりこんなことは止めようと思って、すぐに削除したような場合はどうでしょうか。しかしながら、ほんの一瞬でもアップしてしまえば、その瞬間に多くの人が見てしまうことは十分にあり得ますので、たとえ短時間であってもアップしただけで、「公然」という要件は満たすことになると思われます。

〈名誉毀損罪の構成要件の解釈と適用——「事実を摘示」という構成要件——〉

では、条文上、その次に登場する、「事実を摘示」するとは、どのような意味でしょうか。この場合に重要なのは、そこで持ち出されて名誉を害されることになる対象は、具体的な「事実」でなければならないということです。つまり、単なる「評価」や「感情的な表現」などというものでは、この名誉毀損罪の構成要件を満たすことにはならないということです。

具体的には、「あの人は金遣いが荒いタイプだ。」と言ったとしても、それ

は具体的な「事実」を述べておらず、金遣いが荒いという人格的「評価」を述べたにすぎませんから、ここでいう「事実を摘示」することにはなりません。また、「あの人と会うと気分が悪くなる」という言い方をしても、それは単に「感情的な表現」を示しただけであって、やはり具体的な「事実を摘示」したことにはなりません。

　このように名誉毀損罪においては、具体的な「事実」を示すことが必要ですので、この点はよく覚えておいてください。なお、「事実」は示さなくても、先に例として挙げた人を馬鹿にするような内容を述べたりすることは、**侮辱罪**（刑法231条）を構成することがあり得ますが、この点については、後に詳しく説明します。

　そして、この場合の「事実」に関して、この罪においては名誉を「毀損」する行為が対象とされていることから、事実の「摘示」に係る内容が、人の社会的評価を低下させるような具体的な事実であることが必要であると解釈されています。ですから、例えば、「あいつは会社の金を使い込んだことがある。」という言い方をした場合には、その人の社会的評価を下げるような具体的事実を述べていますので、「事実を摘示」したという要件を満たします。しかし、他方で「あの人は雨が好きで、雨女だ。」などと言ったとしても、雨女と言われる人は多くいますし、そのことで社会的評価が低下するとはいえませんから、このような事実を摘示しても、「事実を摘示」という要件には該当しません。

　結局、人の社会的評価を低下させるおそれのある「事実を摘示」することが、その人の名誉を「毀損」したことになるわけです。

　ただ、その事実は、人の社会的評価にかかわる事実のみならず、プライバシーに属する事実をも含むと解釈されています。したがって、「Ｘ子さんは、いびきと歯ぎしりがひどいんだよ。」などという事実を述べた場合には、たとえいびきなどが激しいという事実があっても、その人の社会的評価には影響しないと思われますが、いびきの有無などはプライバシーに属することであり、いびきなどがひどいというのは、特に女性にとっては人に知られたくないことでしょうから、このよ

うなプライバシーに関する事実を述べた場合も、ここでいう「事実を摘示」に該当するといってよいと思われます。

　なお、ここでいう「事実」については、条文上、「その事実の有無にかかわらず」と書いてありますから、他人の名誉毀損をした人が、「本当のことを言って何が悪いんだ。」と言っても、それはまったく弁解にはならないということです。本当のことを言っても、「その事実の有無にかかわらず」名誉毀損罪は成立するからです。

〈①の結論〉

　花子のした行為は、SNS上に明美の不倫という事実を書き込んだのですから、これが不特定又は多数の誰でもが閲覧できるという性質のものである以上、「公然と」という要件は満たしますし、不倫をしたという事実をアップしていますので、「事実を摘示し」たことになり、そのような行為は、人の社会的評価を下げることに間違いありませんから、「名誉を毀損」したことになり、刑法230条1項に規定された構成要件を満たします。

　したがって、花子は、名誉毀損罪により処罰されることになります。

〈②の場合の問題点──**名誉毀損罪が否定される場合**──〉

　次に、②の場合において、花子が勝手に上記のような嘘の話を作ったのではなく、幸子からその話を聞いて、それを本当のことと信じ、児童の教育上の配慮から、教員との不貞行為を糺すために書き込んだ場合について考えてみましょう。

　たしかにこの場合、花子の行為は、真実だと思っていることを述べたということ以外は、先の①の場合と同様ですから、前述したように、「事実の有無にかかわらず」という規定が設けられている以上、名誉毀損罪の構成要件をすべて満たすことになります。だったら、その行為に対しては、名誉毀損罪に定められている刑罰の3年以下の懲役等の判決が言い渡されることになるのでしょうか。

　しかしながら、この場合、花子は、明美が小学校教員と不倫をしているものと信じています。そして、そのような行為を許せないものとして、いわば

正義感や善意からその事実をアップしたものとみてよいでしょう。にもかかわらず、名誉毀損罪が成立すると考えられるのでしょうか。

このような場合を想定して、刑法230条の2第1項は、

　　第二百三十条の二　前条第一項の行為が公共の利害に関する事実に係り、かつ、その目的が専ら公益を図ることにあったと認める場合には、事実の真否を判断し、真実であることの証明があったときは、これを罰しない。

と規定しており、処罰されない場合があり得ることを示しています。例えば、政治家の不正を糾すために新聞記事として、その政治家の名誉を毀損するような事実を記載することがあり得ます。そのような場合に、刑法230条1項の要件を満たすとして、常に、新聞記者に名誉毀損罪が成立するとしてしまっては、民主主義の発展は望めず、悪質な政治家を野放しにするに等しいことになってしまうでしょう。そのような事態を防止し、健全な言論社会を守るために、昭和22年にこのような規定が刑法に追加して制定されたのです。

〈刑法230条の2第1項の解釈と適用〉

では、花子の行為はこの規定の要件を満たして、「罰しない」とされているように、刑罰の対象から外れることになるのでしょうか。そのためには、この条文で規定されている要件の内容を理解した上で、花子の行為がその要件にマッチするかどうかを見なければなりません。

ただ、この条文の規定は読むだけでも面倒な感じであり、とっつきにくいだろうなと思います。それでも頑張って読んでみますと、まず、「前条第1項の行為」と書かれていますが、これは、前条が刑法230条ですから、これまで話してきた刑法230条1項の名誉毀損罪に該当する行為のことです。

そして、その行為により摘示された事実が、

Ⓐ　「公共の利害に関する事実」であり、

Ⓑ　「その目的が専ら公益を図ることにあった場合」で、

Ⓒ　事実の真否を判断し、その事実が「真実であることの証明があったとき」

という各要件を満たした場合には、名誉毀損罪が成立しないと規定してい

ます。そこで、それらの要件について、個別的にどのように解釈されているのか、そして、花子の行為に照らして、それらの要件を満たしているのかどうかを考えていきます。

〈「公共の利害に関する事実」とは〉

　まず、Ⓐ「公共の利害に関する事実」とは、当該事実が社会一般の利害に関係することをいうと解釈されています。つまり、個人的な利害に関することではなく、広く社会一般が関わる事柄であり、社会のためになるという事実でなければならないということです。

　そこで、明美と小学校の教員が不倫をしているということが、社会一般の利害に関する事柄といえるかどうかが問題となりますが、これはかなり微妙だと思われます。A小学校の教員とそこに通う児童の母親との不倫は、A小学校の教育全体に悪影響を与えるものであると評価するのであれば、「公共の利害に関する事実」といえそうですが、あくまで個人のプライバシーの問題に過ぎないと評価するのであれば、これには該当しないといえそうだからです。

　どちらの判断もあり得ると思われますので、この点は、皆さんの判断に委ねてよいと思いますが、ここでは、とりあえず「公共の利害に関する事実」であるとしておきましょう。ここで、その要件を満たさないとすると、以後の要件を検討するまでもなく、花子に名誉毀損罪が成立してしまうことになり、話が終わってしまうからです。

〈「その目的が専ら公益を図ることにあった場合」とは〉

　次に、Ⓑ「その目的が専ら公益を図ることにあった場合」というのは、その事実を摘示した主たる動機が公益を図ることにある場合をいうと解釈されています。つまり、世の為、人の為に、その事実を明らかにしたのだという動機があったということです。ただ、それは「専ら」という要件が付けられていますから、他の動機があっても差し支えないのですが、あくまで主たる動機としては、「公益を図ることにあった」ということが必要になります。

　この要件に関しても、小学校の教員とそこに通う児童の母親との不倫を明

らかにすることで（前述したように、これが「公共の利害に関する事実」である
としてですが）、小学校教育をより適切なものになるように改革していこうと
いう動機があったのであれば、それを公表することの目的は「専ら公益を図
ること」にあったと認定されることになるでしょう。

〈「真実であることの証明があったとき」とは〉

　さらに、ⓒ事実の真否を判断し、そ
の事実が「真実であることの証明が
あったとき」という要件については、
花子において、その摘示した事実が真
実であると証明しなければならず、そ

れを証明できた場合には、名誉毀損罪の成立を否定しますということです。
このように証明する責任を負わされることを、法律上、**立証責任**を負うとい
う言い方がされます。

　この点に関して、若干敷衍して申しますと、刑事事件では、検察官がすべ
ての立証責任を負います。これは、検察官が起訴した事件において、それが
有罪であることの立証がしきれなかった場合には、検察官がその責任を負
う、つまり、立証に失敗したとして無罪が言い渡されるということです。で
すから、この刑法230条の2第1項の規定は、本来であれば、すべて検察官が
立証責任を負うところ、この場合だけは、その立証責任については、名誉毀
損罪を行ったとされる犯人側に転換しているといわれています。これについ
ては、講学上、**立証責任の転換**という言い方がなされます。

　ただ、実際には、捜査段階において、花子側が明美の不倫は確かにあった
はずであるとして、その事実を主張すれば、警察官や検察官がその事実の有
無を捜査しますので、その捜査の結果、それが真実であることが判明すれ
ば、花子としては、その証明に成功したことになります。そうなれば、検察
官が花子を起訴することはあり得ませんので、その段階で、不起訴となっ
て、事件は終結します。

　ただ逆に、警察官や検察官の捜査の結果、そのような事実は真実ではない
と認定して、花子が起訴された場合においても、花子が法廷で自らこの摘示

した事実が真実であることを証明すれば、犯罪が不成立となり、無罪になることになります。

〈③の場合の問題点──侮辱罪の成否──〉

次に、③の事例で、花子の書き込んだ内容が、「乙野明美は、ただの男好きの馬鹿だ。」というものであった場合について検討いたしましょう。

ここでは、花子は、上記のようにSNS上に書き込んだのですが、このような場合には、先の名誉毀損罪は成立いたしません。というのは、この文言の中には、何も「事実」が摘示されておらず、名誉毀損罪の構成要件を満たさないからです。ここでは、「男好き」という文言と「馬鹿」という文言が問題になるわけですが、いずれも「事実」ではなく、単なる人物評価にしかすぎません。これは要するに、明美の人格を誹謗しただけのことです。

そして、このような場合は、名誉毀損罪とは別に、刑法231条において、

> 第二百三十一条　事実を摘示しなくても、公然と人を侮辱した者は、一年以上の懲役若しくは禁錮若しくは三十万円以下の罰金又は勾留若しくは科料に処する。

と規定されている侮辱罪が成立するでしょう。

ここでいう「侮辱」という行為は、他人に対する軽蔑の表示であると解釈されており、「ただの男好きの馬鹿」という表現が、軽蔑の意思を表示していることは明らかだからです。

〈侮辱罪に関する現代的問題〉

近時では、このようなSNS上での誹謗中傷が看過できない社会問題となってきています。令和２年５月には、ツイッターで誹謗中傷されたプロレスラーの女性が自殺した事件などが起きた上、東京オリンピックに出場したスポーツ選手に対するネット上での誹謗中傷が大きな問題として報道されました。某卓球選手に対しては、「ゴミクズ」とか、「お前は嫌われている」などと

書き込まれたようですが、これらは、事実を摘示したも
のではなく、単なる人格的評価の問題ですから、ここで
いう侮辱罪の範囲での問題といえましょう。ただ、マス
コミ報道等では分からないのですが、もし具体的な事実
を書き込んでいたのであれば、名誉毀損の問題も出てく
ると思われます。

　また、その他にも、例えば、「お前などは生きている価値がない。」とか、
「誰もがお前が死ぬことを望んでいる。」などとネット上に書き込みをしたよ
うな場合も、事実を適示しておらず、軽蔑の意思を表示しただけですから、
やはり侮辱罪だけが成立します。

〈侮辱罪の法定刑の問題〉

　侮辱罪では、以前は、法定刑について「拘留又は科料に処す」と規定され
ており、拘留と科料だけが刑罰とされ、懲役も禁錮も罰金も刑罰として規定
されておりませんでした。これは、侮辱罪が名誉毀損罪よりずっと軽い罪で
あると考えられていたため、懲役等の刑罰よりもずっと軽い罪である拘留と
科料だけが設けられていたのです。

　このうち、拘留とは、刑法16条において、

　　第十六条　拘留は、一日以上三十日未満とし、刑事施設に拘置する。

と規定されており、短期間の身柄拘束がなされる刑罰です。これは、刑期の
極めて短い拘禁刑であると思ってもらえればよいでしょう。

　これに対し、科料は、刑法17条において、

　　第十七条　科料は、千円以上一万円未満とする。

と規定されている刑罰で、罰金の極めて軽いものであると思ってもらえれば
よいでしょう。

　もっとも、これらについても、いずれも刑罰として科せられるものであ
り、名誉毀損罪の場合と同様にいずれも前科としてカウントされるものです。

　しかしながら、侮辱罪の法定刑がそのようなとても軽い刑罰だけでよいの

かという問題が生じてきました。先に取り上げた女子プロレスラーを誹謗中傷したことでその自殺を惹起した者らの行為は侮辱罪として立件されましたが、その結果は、**略式命令**という簡易な刑事手続によるもので、単に、9,000円の科料で終わってしまいました。この程度の刑罰であれば、スピード違反の反則金よりも安い金額の支払で済んでしまいます。これでは、侮辱という犯罪を敢行しても大した刑罰はないんだなと思わせる結果にしかならず、反省を促すとか、刑罰による感銘力を与えるなどというのはまったく期待できないでしょう。

　しかしながら、そのような刑罰の軽さが問題視され、令和3年9月14日、上川法務大臣は、侮辱罪を厳罰化するための法改正に向けて、法制審議会に諮問し、その後、その答申を受けて、そのための刑法改正案が国会で審議され、令和4年6月13日、この改正法が成立し、前に述べたような条文となったのです。そして、同年7月7日から施行されています。

　具体的には、法定刑を「1年以下の懲役若しくは禁錮若しくは30万円以下の罰金又は拘留若しくは科料」というように懲役などの刑罰が追加されたのです。近時のSNS上での誹謗中傷による被害の深刻さなどを勘案し、侮辱罪も名誉毀損罪に準じて厳しく対処する必要があると判断したからです。

　また、このように法定刑を引き上げることで、公訴時効にも変化が出てきます。公訴時効とは、検察官が犯人を起訴できる時間的な期限ですが、これについては、刑事訴訟法250条に規定されており、同条2項7号において、

　　　七　拘留又は科料に当たる罪については一年

とされていたことから、改正前の侮辱罪では、SNS上での誹謗中傷を行った時から1年を経過することで時効が完成し、もはや起訴することができなくなっていました。しかしながら、この罪の法定刑を懲役1年とすることで、刑事訴訟法250条2項5号の

　　　五　長期五年未満の懲役若しくは禁錮又は罰金に当たる罪については三年

との規定が適用されることになり、時効期間が3年に延びることとなったの

です。

　これまでネット上の誹謗中傷は、加害者の特定などに時間がかかり、被害者が泣き寝入りをするケースが多いとされておりましたが、時効期間が延びることで、立件の可能性が増え、犯罪の抑止や被害者の救済につなげる狙いもあるのです。

〈予想される花子に対する刑事処分〉

　①の場合は、かなり悪質ですが、それでも仲間内のことですから、花子が反省して、明美がこれを許せば起訴猶予となる可能性が高いでしょう。ただ、明美も自分の名誉が毀損されていますので、あくまで処罰を求めることもあり得ると思いますが、その場合には、公判請求、つまり、公開の法廷で裁判が行われるための起訴ですが、これがされることもあり得るかと思います。

　②の場合は、それが公共の利害に関することと判断され、また、真実性の証明がされれば犯罪は不成立となりますから、当然に不起訴になります。また、それらの要件が満たされなければ、①と同じ結論になります。

　③の場合については、法改正がされたことにより、罰金という処分の可能性が高いと思われます。

第2章　強要罪・恐喝罪・不正アクセス禁止法違反
──宗教団体への勧誘が犯罪になるの？──

事例(2)

　乙山克子は、**事例(1)**において大騒ぎとなった事件において、その匿名の発信者が、甲野花子であることに気付いていた。というのは、克子も花子のママ友の一人で一緒にお茶をする仲であったところ、花子と一緒に喫茶店でおしゃべりしていた際、花子がSNSにアップした上記の文言が載った画面をたまたま出したままにしていて、画面をシャットダウンするのを忘れてその携帯電話をテーブルに置いたままトイレに行ったため、その隙に、克子がその画面を盗み見たからであった。

　そこで、克子は、近時に流行りだした新興宗教であるAZ教にはまっていたことから、花子に対し、「あなたが匿名で明美さんの不倫をアップしたんでしょ。分かっているわよ。ただ、黙っていてほしいなら、あなたもAZ教に入りなさいよ。良い教えもいっぱいあるから、あなたのためにもなるわよ。」と言った。

　花子は、まずいことを知られてしまったと思ったが、AZ教はカルト集団であるという噂もあったことから、なんとか拒否したいと考えた。

　①　克子の行為は、法的にはどのように評価されるのでしょうか。

　②　克子が言った言葉が、「もし、AZ教に入らないなら、それはそれでいいけど、その代わり、ここへのお布施として、10万円寄付してあげて。」というものであった場合はどうか。

　③　克子が花子の携帯電話を見た方法が、たまたま画面を見たというのではなく、花子が克子を信頼していたことから、以前にその携帯電話のパスワードを教えており、その知っていたパスワードを使ってインターネットに繋いで投稿の履歴を勝手に見た場合であったらどうか。

〈この事例への考え方〉

　ここでは、克子の花子に対する上記の各行為が犯罪になるかどうか問題となります。もっとも克子にしてみれば、それほど悪いことをしているような意識はない可能性があります。別に、自分に金を出せと言ったわけでもないし、宗教を勧誘しただけのことではないかと思っている可能性もありますし、寄付してもらうことも頼んだだけじゃないかと思っている可能性もあります。また、携帯電話の内容を見ることも、道徳的には良くないにしても、別に犯罪になるような悪いことをしたわけではないと思っている可能性もあるでしょう。

　しかしながら、そのように簡単に考えるわけにはいきません。あなたも陥るような身近な犯罪がそこにころがっているのです。

〈①の場合の問題点──強要罪の成否──〉

　この事例では、克子の行為は、花子の犯罪行為を黙っていてあげる見返りに、AZ教に入信するように勧誘するというものであります。しかしながら、それは花子の意思に反するものです。もっとも、これに応じないと、花子は、自分の名誉毀損行為が明るみに出されてしまうことから、それを怖れてAZ教に入らないわけにはいかなくなりそうです。では、そのような無理をさせる行為は犯罪とはならないのでしょうか。

　このような場合は、刑法223条1項において、

　　第二百二十三条　生命、身体、自由、名誉若しくは財産に対し害を加える旨を告知して脅迫し、又は暴行を用いて、人に義務のないことを行わせ、又は権利の行使を妨害した者は、三年以下の懲役に処する。

と規定されている**強要罪**が成立する余地があります。これは、暴行又は脅迫を用いることにより、本来であれば義務がないような行為などを、相手の意思に反して実施させる犯罪です。

　具体的には、①生命等、その条文に規定されている、人が守らなければならないもの、これを**保護法益**といいますが、それに危害を加える旨の脅迫などをすること、そして、それに対応して、②相手方に、義務のないことを行わせることなどが構成要件となっています。

　本件の事例に即していえば、克子は、花子に対し、AZ教に入りたくないのに、無理にその教団に入れようとしましたから、これは、花子に「義務のないことを行わせ」ようとしたことになります。また、その際、黙っていてほしかったらと言っていますが、これは私の言うことに従わなければ、明美の不倫を言いふらして名誉毀損をした奴ということで世間から非難を受ける事態を招いてやるという意味です。したがって、花子にしてみればそれを「脅迫」と感じるでしょうし、そのことで、花子が社会から得ていた評価が下がることになりますから、結局、克子の行為は、花子の「名誉」に対し「害を加える旨を告知して脅迫」したことになります。

　○○を黙っていてほしかったら、○○しろ、などということは日常的にもよく言われることがあるのですが、黙っていてほしい内容が、相手方にとっ

て強力な圧力になるような内容であれば、それは「脅迫」という行為に含まれることがあるのです。

　この場合でも、他人の不倫を言いふらした奴というレッテルを貼られるのは花子にとっても大変に困ったことになり、自分の名誉を傷つけられると心配するのは当然でしょう。いくら自分が播いた種とはいってもです。

　したがって、花子がこの脅迫を怖れてAZ教に入れば、この強要罪が成立、つまり、**既遂**になって、克子は、「３年以下の懲役」が科される可能性があります。

〈花子が入信を拒否した場合は〉

　ただ、花子は、かなり嫌がっているようですから、あくまで抵抗して、AZ教に入らなかった場合はどうでしょうか。この場合であっても、克子の行為は許されるべきものではありません。このような場合には、刑法223条３項が

　　３　前二項の罪の未遂は、罰する。

と規定しており、ここでいう「前二項」には、１項の上記の条文も含まれますので、強要しようとしたものの、それが**未遂**の場合であっても、**強要未遂罪**として処罰することとなるのです。ですから、克子としてみれば、上記のように言って入信を勧誘しただけで、結局、それが失敗に終わっても、強要未遂罪という犯罪は残ってしまうということになるのです。

　ちなみに、既遂の場合と未遂の場合で、その処罰に関してどのような差異があるのかといいますと、未遂の場合には、刑法43条本文において、

　　第四十三条　犯罪の実行に着手してこれを遂げなかった者は、その刑を減軽することができる。

と規定されており、「犯罪の実行に着手してこれを遂げなかった」というのは、すなわち、未遂に終わったということですから、そのような場合には、刑を減軽することが「できる」とされています。

　もっとも、これは、あくまで「できる」とするだけであって、「しなければならない」という書き方ではありませんから、裁判官の裁量により、その刑

が軽くしてもらえる可能性があるということです。したがって、未遂の場合には必ず軽くしてもらえるというわけではなく、軽くしてもらえるかどうかはあくまで裁判官の判断に委ねられるということです。

　なお、他人のスマホの画面を勝手に見ること自体は、無理やりに奪い取ったりして見るような場合でもなければ、特には犯罪にはなりません。スマホ盗み見罪というような犯罪は設けられていないからです。

〈②の場合の問題点──恐喝罪の成否──〉

　次に、②の場合はどうでしょうか。この場合も、克子としては、AZ教団のためにお布施を求めただけであって、自分が儲けようとしたわけではないし、きつい口調で脅したわけでもないから、特に問題となるようなことはやっていないと思っているでしょう。しかし、花子にしてみれば、自分の名誉毀損行為を黙っていてもらうためには、嫌々ながらでも10万円のお布施を出さないわけにはいかないかなと考えると思われます。このような形で宗教団体に寄付を求めることは何か犯罪になるのでしょうか。

　しかしながら、ここでは、刑法249条1項において、

　　第二百四十九条　人を恐喝して財物を交付させた者は、十年以下の懲役に処する。

との規定による**恐喝罪**が問題となります。ここでいう「恐喝」という行為は、相手方に対し、暴行又は脅迫を用いることによって畏怖させ、つまり、怖がらせ、その結果として、**財物**、つまり、金銭などの財産的価値のあるものを、自分に渡させるという犯罪です。恐喝としてよく見られるのは、暴力団員や不良少年が、おとなしそうな一般人を脅して現金を取り上げる行為ですが、これが典型的な恐喝ですから、それをイメージしてもらえばいいでしょう。では、この事例も、それと同様に考えられるのでしょうか。

　この事例では、克子は、①の場面で述べたような脅迫行為を行っていますが、強要罪の脅迫も恐喝罪の脅迫も同じ程度のものでよいとされていますから、この点は、既に説明したように「脅迫」という要件は満たしています。

　確かに脅したのは事実であり、もし仮に、黙っていてほしければ「私に10

万円を渡しなさい」と言ったのであれば、上記の不良少年らの例と同じに考えてよいでしょう。花子にしてみれば、自分の犯罪が表に出されてしまうくらいなら、10万円を克子に渡してそれを止めてもらいたいと考えることも十分にあり得るところだからです。まさに、脅されたから現金を渡したというパターンで典型的な恐喝罪が成立すると認められます。

〈教団への寄付は法的にどのように考えるべきか〉

しかしながら、克子が言ったのは、自分に金を渡せというのではなく、AZ教に入る替わりに10万円のお布施を出すようにと要求しているところが先の例とは異なっています。つまり、この事例では、克子は、自分が儲けようというのではなく、単に、教団に寄付するように言っただけですが、このような行為も、恐喝になるのでしょうか。

この点についてどのように考えるべきかに当たり、まず最初に、この教団は克子が所属する団体です。ですから、その団体の利益になることは克子の利益ともなるものといってよいでしょう。したがって、その両者の間には経済的なつながりが見られ、全く無関係の他人に交付させたような場合ではない以上、教団が利益を得ることは、すなわち、克子が自分においても同様に利益を得たものと見てもよいのではないかと考えられます。したがって、教団にお布施として10万円を寄付させた場合であっても、克子に恐喝罪が成立すると考えるべきだと思います。

もっとも、本当に無関係な団体、例えば、NHKが実施している歳末助け合い募金に10万円を寄付するようにという指示をした場合であれば、克子には当該10万円につき自分に経済的利益を帰属させる意図がありませんから、花子から現金を脅し取ろうとする意思に欠けることになります。したがって、この場合には、恐喝罪ではなく、前述した強要罪が成立すると考えるべきだと思います。花子にしてみれば、別に歳末助け合い募金に寄付しなければならない義務などないのに、脅迫によりその募金に寄付することを強いられたことになりますので、強要罪の構成要件に該当するといえるからです。

なお、この罪も強要罪と同じく、未遂罪も処罰の対象となっていますので

（刑法250条）、最終的に花子がお布施の提供に応じなくても、**恐喝未遂罪**という犯罪は成立します。

〈③の場合の問題点──**不正アクセス禁止法違反の成否**──〉

最後に、③の事例ですが、克子にしてみれば、花子の携帯をちょっと見ただけなのだから、そのようなことは問題にするほどのことではないでしょうなどと思っているかもしれません。

しかしながら、勝手に他人のIDやパスワードを使ってインターネットに接続し、サーバに保存されているデータを盗み見る行為について、それが法的にどのように評価されるのか、それが処罰の対象になるのかどうかは知っておかなければなりません。

この事例では、克子は、花子の携帯電話を勝手に操作して、パスワードを入力し、SNSのサーバにつないで投稿の履歴などを見たのですが、このような行為は、**不正アクセス行為の禁止等に関する法律**（以下「不正アクセス禁止法」又は「同法」といいます。）に違反します。

この不正アクセス禁止法３条は、

　　第三条　何人も、不正アクセス行為をしてはならない。

と規定し、これに反した場合は、同法11条において、「３年以下の懲役又は100万円以下の罰金」に処することとされています。

〈不正アクセス行為とは何か〉

ただ、何をもって、不正アクセス行為となるのかが問題となりますが、先に結論から申しますと、インターネットにつないだパソコンに、勝手に他人のIDやパスワードを入力して、サーバ・コンピュータに保管されているデータを見たり、取得したりする行為がこれに該当します。

その用語として覚えておいていただきたいものを簡単に紹介しておきます。これから紹介する不正アクセス禁止法の条文を読む上で必要だからです。まず、インターネットに繋がれたパソコンは、「特定電子計算機」と呼ばれ、

　また、IDやパスワードがないと入れないようになっているパソコンを、「アクセス制御機能を有する特定電子計算機」と呼んでいます。また、インターネットは、「電気通信回線」と呼ばれ、このインターネットを使って行うパソコンの利用を「特定利用」と呼んでいます。さらに、IDやパスワードについては、「識別符号」と呼ばれています。

　これらのことを頭に入れてから、この犯罪が規定されている条文を見てみましょう。

　まず、不正アクセス行為については、同法2条4項に規定があり、

　　4　この法律において「不正アクセス行為」とは、次の各号のいずれかに該当する行為をいう。

として、例えば、そこで規定されている1号において、

　　一　アクセス制御機能を有する特定電子計算機に電気通信回線を通じて当該アクセス制御機能に係る他人の識別符号を入力して当該特定電子計算機を作動させ、当該アクセス制御機能により制限されている特定利用をし得る状態にさせる行為（後略）

と規定されています（なお、本件に直接の関係がない条文の部分は（後略）として削っておきましたが、その部分を気にされる必要はありません。この後も同様の削除処理をした部分が出てきますが、いずれも気にされる必要はないでしょう。）。

　つまり、この2条4項1号の規定によれば、まず、ここで禁止される行為は、「アクセス制御機能を有する特定電子計算機」に対するものでなければならず、ここでいう「アクセス制御機能」とは、先に簡単に申しましたように、インターネットに接続するに当たって、IDやパスワードが求められるようにして他の人が勝手に使えないようにしてある機能のことです。これは普通のパソコンであればすべてこのようにしてあるはずです。ですから、まあ、当たり前のことが書かれているだけと思ってもらえば結構です。

　そこで、先にも申しましたように、「特定電子計算機」とは、「電気通信回線に接続している電子計算機」（同法2条1項）であるとされており、その「電気通信回線」というのは、インターネットに接続されていることを意味して

いますので、要するにネットワークに接続しているコンピュータや携帯電話全般を指すものです。ですから、皆さんが使っているパソコンは、インターネットに繋げる限り、これに該当しますし、花子の携帯電話も、もちろん、ここでいう「特定電子計算機」に該当します。

　その上で、このような特定電子計算機、つまり、ネットワークに接続されているコンピュータや携帯電話に、他人の識別符号、つまり、ＩＤとパスワードですが、これらを入力して当該コンピュータなどを作動させ、勝手にその利用を図る行為を「不正アクセス」として禁止し、そのような行為に出ようとすることを抑止しようというものです。

　たしかに条文としては、いずれも難しいのですが、結局のところ、要は、我々が日常的に使っているパソコンにおいて、他人が勝手に、本来の所有者のIDとパスワードを入力してインターネットに接続するという行為が禁止されているということです。

　したがって、例えば、そのような不正アクセス行為により、サーバ内の他人の情報等を入手することができたり、場合によっては、当該携帯電話の所有者になりすましてメール等の送信などもできることになりますが、そのような情報の窃盗や、勝手なメール送信に対して、それを直接的に処罰するのではなく、それに至る不正アクセス行為をしたことについて処罰がされるということになるものです。

　したがって、克子のように、勝手に他人の携帯電話に他人のパスワードを使って入るという行為は、このような法律に違反するのだということを覚えておいてください。

〈予想される克子に対する刑事処分〉

　①や②については、克子が反省しておらず、また、事実関係を否認したりすれば、公判請求されることもあるでしょう。

　ただ、仲間内のことですから、克子が反省して花子に謝り、花子がこれを許すなどの事情があれば、起訴猶予となることが見込まれますし、事例③については、IDとパスワードを花子が教えていたことなども考慮すれば、起訴

猶予となる可能性が高いと思われます。

第3章　ストーカー規制法違反（その1）
――好きだと言い続けることが犯罪になるの？――

事例(3)

　広告代理店A社に勤めるサラリーマンの甲野太郎は、その取引先の会社に勤める乙野孝子が女優の綾瀬はるかさんによく似ていることから、一度、来社した際に会ったときから、ずっと意識していた。しばらくは遠くから眺めるだけであったが、やがて自分の気持ちが抑えられなくなり、孝子に付き合ってほしいと打ち明けた。しかしながら、孝子の返事は、「今は、仕事が忙しいから、そのような時間はありません。」というもので、体よく断られてしまった。

　しかし、太郎は、孝子を諦めることができず、ある時、孝子が勤務先から帰宅するのを尾行してその住居となるアパートを見つけ出し、その後、毎日、孝子のアパートの近くの物陰に隠れて待ち受け、孝子が帰ってきたのを見た際に、「ぼくの愛を受けてとめて、ぼくと付き合ってください。」と告白を続けた。孝子は、「もう、いい加減にしてください。」と言ったものの、太郎は、「101回目のプロポーズ」というテレビドラマもあったことから、100回通い続ければ、孝子も自分の熱意に打たれて、振り向いてくれるだろうと思って、同様の行為を何十回と続けた。

　太郎のしていることに法的な問題はないのでしょうか。

〈この事例に対する考え方〉

　ここでは、**ストーカー犯罪**が問題になります。このように性的な嗜好が影響するような犯罪に自分が関わることはないと思われている方も多いと思いますが、恋愛感情のもつれから、ふと陥ってしまうこともあり得ますし、また、加害者側だけでなく、被害者になることもあり得ると思いますので、この犯罪の構成要件やその刑罰の内容なども理解してお

いていただけるとよいかと思われます。

　太郎の行為は、**ストーカー行為等の規制等に関する法律**（以下「ストーカー規制法」と言います。）に違反しており、警察に逮捕されるおそれがあります。太郎にしてみれば、自分の愛情を伝えようとしているだけで、何も悪気もないし、ましてや、彼女に危害を加えることなど考えてもいないのに、犯罪になるのだろうかと疑問を持たれる方もいるだろうと思います。このように、皆さんが何気なくしていることが、このストーカー規制法に違反することもあり得ますので、この法律について順序立てて詳しく説明していきます。

〈ストーカーとは何か〉

　そもそも、ストーカーとは、いったいどのような行為を指すのでしょうか。もともとの英語は、Stalkで、獲物に忍び寄ること、そっと追跡することであって、それを人が行うことから、Stalkerとなったものです。そして、日本語としての「ストーカー」の意味は、広辞苑では、「特定の個人に異常なほど関心を持ち、その人の意思に反してまで跡を追い続ける者」と記載されています。

　このような行為は、古くは恋愛成就のための熱意ある行為として是認されてきた面もあるとは思われます。しかしながら、一方の女性側（場合によって男性側）からすれば、迷惑極まりない場合もあるのであって、時代の変化とともに、単に道徳的若しくは倫理的な問題では済まなくなり、法的に規制されるようになっていったのです。

　ただ、それは単に、時代の流れというようなもので法的な規制がなされるようになったのではなく、いわゆる**桶川女子大生ストーカー殺人事件**という悲惨な事件が起きたことがきっかけで、ストーカー規制法が制定されるに至ったのです。

〈桶川女子大生ストーカー殺人事件とは〉

　この事件は、大宮市内でたまたま出会った男と付き合うようになった女子大生が、執拗に付きまとわれ、その男の兄弟や関係者らによって酷い仕打ちを受けた上、最後は殺害されてしまったという事件です。少々長くなります

が、立法のきっかけになった背景事情を正確に知っておくことは重要ですから、ここで説明しておきます。

（1） 女子大生の花子は、平成11年1月頃、大宮駅東口のゲームセンターで、青年実業家と称していたCから声を掛けられ、Cと交際を始めるようになりました。そして、同人からブランド物のバッグや洋服等を買い与えられたり、同人から誘われて、花子の女友達と一緒に3人で沖縄旅行をするなどしていました。

しかしながら、そのうちに、花子は、親しい女友達に対し、Cの束縛が大変であるなどと話して、同人との交際が負担になっていることを打ち明けるようになりました。そして、平成11年3月頃からは、花子は、Cから「俺と別れるんだったら、お前の親どうなっても知らないよ。お前の親をリストラさせてやる。一家崩壊させてやる。」などと言われるようになり、Cと真剣に別れたいと思っていました。しかしながら、Cがこれを許さなかったことから、花子は、Cとの交際を断ち切れずにいました。

（2） 平成11年6月14日、Cは、自分と会うのを避けようとしていた花子から別れ話を持ち出されたため、兄のBに相談し、花子と交渉するために花子方に押し掛けることにしました。その途中の車内では、Cから花子との別れ話の経緯を聞かされたBが、Cに対して「とんでもない女だ。仕返しをしてやる。」などと言い、その仕返しに花子を強姦しようとする計画などを立てていました。

そして、同日午後8時過ぎ頃、Cらは花子方を訪れたものの、帰宅した花子の父から追い返され、Bは、「ただじゃおかないからな。」などと捨てぜりふをはいて花子方を退去しました。

そして、帰りの車中で、Cは、別れ話の交渉がうまく行かなかったことに不満を抱き、「懲らしめてやる。花子とセックスしているビデオがあるけど、何かに使えないかな。」などと言うと、Bは「そのビデオをばらまくか。」などと言っていました。

（3） その後、Bは、平成11年6月22日頃、自らが経営する風俗店で店長をさせているAに対し、「話があるんだ。信用するから話すんだけどね。実は、

どうしても殺したい奴がいるんだ。この殺しを誰かやってくれる人がいない
か。着手金1,000万円で、成功報酬1,000万円の併せて2,000万円出すから。誰
かいないかな。舎弟が騙されて苦しんでいる。」などと言いました。ここでい
う「舎弟」とはCのことを指すのでしょう。

　すると、Aは、これを受けて、「私がやります。困っているなら、私でよけ
れば間違いなくやります。」などと言って返事をしました。ここで、花子を殺
害する共謀がスタートすることになりました。

　⑷　また、平成11年6月末ないし7月初め頃、Bは、実際に殺害をするの
は大ごとであったため、花子に対して仕返しをしたいという、かねてからの
Cの依頼を受けて、とりあえず、花子を中傷するビラを頒布するなどして同
女の名誉を毀損しようと考えました。

　そのため、Bは、Dを呼び出し、「ある奴から頼まれたんだけど、懲らしめ
たい奴がいるんだ。写真を使ってビラをつくって欲しいんだ。」などと言っ
て、花子の写っている写真を渡し、花子を中傷するビラを作成するよう指示
しました。

　そこで、Dは、「WANTED、花子」、「この顔にピン！ときたら要注意、男
を食い物にしているふざけた女です。不倫、援助交際あたりまえ！泣いた男
たちの悲痛な叫びです。」などと記載され、花子の顔、裸体等の写真3枚が印
刷されたカラー刷りのビラ中傷ビラ2000枚の印刷を発注しました。

　そして、Bらは、出来上がったビラを手分けして、平成11年7月13日午前
1時45分頃、埼玉県富士見市内のX駅構内及び同駅コンコース付近におい
て、それらを壁面に貼付したり、又は窓枠に放置するなどした上、さらに、
花子が通学している丁女子大学正門前において、前同様のビラ約100枚を、同
所に設置された立て看板に貼付するなどして、花子の名誉を著しく毀損しま
した。

　⑸　その後、いよいよ殺害計画を実行に移すことになり、平成11年10月17
日頃、Aは、殺害に使用するミリタリーナイフ1本を購入した後、花子が通
学の際に通るJR桶川駅まで行き、その後、花子が通るのを待ち伏せました。

　そして、Aは、平成11年10月26日午後零時52分頃、その駅付近の歩道上に
おいて、花子（当時21歳）に対し、所携のミリタリーナイフ（刃体の長さ約

12.5cm）で同女の背部を1回突き刺し、同女が振り返って正対したところを、更にその前胸部目掛けて同ナイフで1回突き刺し、よって、同日午後1時30分頃、同女を前胸部刺創による肺損傷に基づく失血により死亡させて殺害したのです。

〈桶川女子大生ストーカー殺人事件が残したもの〉

　ただいま説明しました殺人事件は、推理小説などではなく、すべてが実際にあった話です。しかも上記の事実関係は、すべて判決で認定されているものです。マスコミ報道等では、詳細ないきさつなどは伝えられていませんが、名誉毀損をされたことや、いとも簡単に人を殺してしまったことなども、決して絵空事ではありません。皆さんが、殺人事件を起こすようなことは考え難いのですが、被害者になる危険性は、残念ながら、皆無とはいえないでしょう。

　この事件の場合、そもそも花子さんは、Cなどといういい加減な人間と付き合うべきではなかったのでしょう。もし、大宮駅東口のゲームセンターでの出会いなどがなかったら、きっと今でも花子さんは生きていたことと思います。また、花子さんを中傷するビラを撒いて名誉毀損をした際に、警察がこれを刑事事件としてきちんと立件し、Bらを逮捕して、起訴していれば、殺人事件を防げたかもしれません。

　しかしながら、いずれもそのとおりにはならず、特に、警察が名誉毀損事件の捜査をさぼって何もしなかったため、その後、Bらが殺人事件を引きおこすことになったことで、当時、さいたま県警察に対しては、国民から厳しい非難が加えられました。

　そのような不手際など色々なことがあって、このままでは同じような事件が起きる危険があるとして、それを防ぐために（実際には、同じような事件は起きたのですが）、ストーカー規制法の立法が検討されるようになったのです。

　なお、この事件の関係者の刑罰ですが、主犯のBは、無期懲役、実行正犯のAは、懲役18年でした。また、もともとのきっかけを作ったCは、警察に

よる殺人事件の捜査の開始を察知して、北海道に逃亡し、その逃亡先で自殺しています。

〈ストーカー規制法の概要── この法律はどのような行為を規制しようとしているのか〉

　ストーカー規制法3条は、

> 　第三条　何人も、つきまとい等をして、その相手方に身体の安全、住居等の平穏若しくは名誉が害され、又は行動の自由が著しく害される不安を覚えさせてはならない。

と規定し、**つきまとい等**を挙げて、その相手方に対して、「身体の安全、住居等の平穏若しくは名誉が害され、又は行動の自由が著しく害される」という「不安」を覚えさせるようなことはしてはいけないと要求しています。これが**ストーカー行為**に対する基本的なスタンスです。

　ここで取り上げている事例でいえば、太郎の行為は、毎日、アパートの前にいますから、孝子の「住居等の平穏」が害されているおそれがあり、孝子が、そのことで「不安」に思っている可能性はあるでしょう。また、孝子にしてみれば、太郎がアパートの前で待っていることにより、家に帰りにくくなって、「行動の自由が著しく害され」ていると「不安」に思っている可能性もあります。

　こういった太郎の行為がもたらすことは、孝子にとって非常に迷惑なことであり、ストーカー規制法3条の要件を満たす可能性があるといってよいでしょう。

　ただ、この条文では、「つきまとい等」の内容がどのようなものかは示されていません。そこで、その内容が規定されている条文を見る必要があります。

〈ストーカー規制法の概要──「つきまとい等」とはどのような行為をさすのか(1)〉

　この「つきまとい等」については、ストーカー規制法2条1項に規定されています。ただ、この条文は、かなり複雑で、皆さんが一読して理解できた

ら、その読解力は相当なものといって良いと思います。では、その一部を紹介いたしましょう。ここでは、

　　第二条　この法律において「つきまとい等」とは、特定の者に対する恋愛感情その他の好意の感情又はそれが満たされなかったことに対する怨恨の感情を充足する目的で、当該特定の者又はその配偶者、直系若しくは同居の親族その他当該特定の者と社会生活において密接な関係を有する者に対し、次の各号のいずれかに掲げる行為をすることをいう。
　　　一　つきまとい、待ち伏せし、進路に立ちふさがり、住居、勤務先、学校その他現に所在する場所若しくはその通常所在する場所（以下「住居等」という。）の付近において見張りをし、住居等に押し掛け、又は住居等の付近をみだりにうろつくこと。
　　　二　その行動を監視していると思わせるような事項を告げ、又はその知り得る状態に置くこと。
　　　三　面会、交際その他の義務のないことを行うことを要求すること。

などと規定されています。ここでは、「三」と書かれている3号まで書いておきましたが、実際には、その後、「八」と書かれる8号まであります。

〈ストーカー規制法の概要——「つきまとい等」とはどのような行為をさすのか(2)〉

　では、この条文を細かく分解して、太郎の行為がこの条文で禁止される「つきまとい等」に該当するのかどうかを考えてみましょう。

　まず、「つきまとい等」としてあることから、その「等」において、「つきまとい」以外にも何かあることを示しています。ここでは、「一」の部分、これを1号と呼びますが、この1号において、「つきまとい、待ち伏せし、進路に立ちふさがり」などの行為が挙げられていますが、ここでの「つきまとい」以外の「待ち伏せし、進路に立ちふさがり」などの行為が「等」に含まれますし、「二」以降の部分、つまり、2号から8号までに掲げられている行為も全部、この「等」の中に含まれます。

　そして、太郎の行為は、アパートの前で待ち受ける行為ですから、これは、1号の「待ち伏せし」に該当するでしょうし、「住居（中略）の付近において見張りをし」にも、更には、「住居等に押し掛け」にも該当すると思われます。

　また、自分と付き合ってほしいということを求めていますから、3号の「交際その他の義務のないことを行うことを要求」していることにもなるでしょう。そうなると、太郎の行為は、とりあえず、客観的に、ストーカーとして禁止される「つきまとい等」に該当する行為であるとされる可能性があります。

〈「つきまとい等」には恋愛に関連する目的が必要であること〉

　もっとも、例えば、借金を返してもらうためとか、何らかの用事があって、「待ち伏せ」をする人もいますから、そのような場合をストーカーとして処罰されないように除外する必要があります。

　そのため、ストーカーとされる者については、その行為の際の意図として、恋愛に関する一定の目的が必要であることとし、これがある場合だけを処罰の対象とすることとしました。そのために、条文上でその目的があることを具体的に要求しています。

　つまり、この条文の「特定の者に対する恋愛感情その他の好意の感情を充足する目的」か、あるいは、「それが満たされなかったことに対する怨恨の感情を充足する目的」がなければ、実際に「つきまとい」や「待ち伏せ」をしても犯罪として成立しないということです。なお、この条文の「特定の者」というのが、ここでは孝子を指すことになります。

　では、これらの目的は、具体的にどのようなものとして理解したらよいのでしょうか。まず、「特定の者に対する恋愛感情その他の好意の感情又はそれが満たされなかったことに対する怨恨の感情を充足する目的」という条文を分解すると、先に分けて記載しましたように、①恋愛感情その他の好意の感情を充足する目的と、②好意の感情が満たされなかったことに対する怨恨の感情を充足する目的という2種類の目的が掲げられていることが分かります。

　ここでは、太郎は、孝子に「好意の感情」を持っている場合ですから、このうちの①だけが問題となりますが、この「好意の感情を充足する目的」とはどのようなものを指すのでしょうか。

　これは、ストーカー規制法の立法に関与した人（以下「立法者」と言います。）が、その点を解説しているのですが、それによると、「『好意の感情』と

いうのは、好きな気持ち、親愛感のことであるが、そのような感情を充足する目的でなされるものとしていることから、相手方がそれに応えて何らかの行動をとることを望むことを含むものとなる。」（檜垣重臣『ストーカー規制法解説［改訂版］』〈2006年、立花書房〉12頁）と解されています。

　そうであるなら、太郎は、孝子に対し、自分の愛情を受け容れ、交際に応じて欲しいと思っている以上、これはすなわち、相手方が自分の気持ちに応えて、交際するという行動をとることを望んでいるものであって、「好意の感情を充足する目的」があるということになります。太郎は、この要件も満たすことから、ストーカーとして処罰される可能性が高くなってきました。

〈「つきまとい等」をする相手方はどんな者である必要があるのか〉

　前述した「好意の感情を充足する目的」という目的をもって、前記の条文に記載されている「つきまとい」や「待ち伏せ」をすることが犯罪の成立要件となるのですが、この条文では、そのような行為をする相手方についても規定されているので、一言だけその説明をしておきます。

　この条文では、既に説明した目的についての記載に続けて、「当該特定の者又はその配偶者、直系若しくは同居の親族その他当該特定の者と社会生活において密接な関係を有する者に対し」と規定してストーカーをする相手方を限定しています。ここでの事例では、「当該特定の者」として、孝子に対して行っていますので、他の記載は読む必要はありません。ここで引用した条文についての要件は、太郎の行為が孝子に向けられたものである以上、十分に満たすことになります。

　もっとも、太郎が、孝子の気持ちを変えてもらうための説得を依頼するために、孝子のシングルマザーである母親のところに日参して、同様の行為に出たりした場合には、その母親は、この条文で示された「直系の親族」ですから、孝子の場合と同様に相手方として含まれることになり、ストーカーの対象としての要件を満たすことになります。

〈「つきまとい等」がストーカー行為となるための要件はなにか〉

　では、これまでの条文で検討したことだけで、ストーカー規制法違反として太郎は処罰されることになるのでしょうか。これまで述べたことだけでも太郎は十分に孝子に迷惑をかけていますから、それだけで違反としてもらいたいと思われるかもしれません。

　しかしながら、実は、法的な要件としては、それだけでは足りません。というのは、ストーカーといわれる行為と、一般的な男女間での恋の駆け引きというか、求愛活動というか、そういったものとの間で、明確に一線を画さないと、犯罪として処罰の対象となるものと、そうでないものとの線引きが明確にならず、個人の自由な恋愛活動を阻害してしまうことになるからです。したがって、恋の駆け引きなどの行為以上の迷惑を掛けるような行為だけをストーカー行為にする必要があるのです。

　そのため、ストーカー規制法は、18条において、刑罰の対象として、

　　　第十八条　ストーカー行為をした者は、1年以下の懲役又は百万円以下の罰金に処する。

とする規定を設け、「ストーカー行為」に及んだ場合に、初めて刑罰の対象とし、1年以下の懲役等の刑罰を科すことにしているのです。

　では、ここでいう「ストーカー行為」というのは、これまでに述べていた「つきまとい等」では足りないのか、では、そこで検討していたことは一体なんだったのかということになりますが、もちろん、「つきまとい等」の行為を前提にし、さらに、厳格な要件を付したのが、「ストーカー行為」というものなのです。

　そして、この概念を明確に規定しているのが、ストーカー規制法2条4項です。ここでは、

　　　4　この法律において「ストーカー行為」とは、同一の者に対し、つきまとい等（第一項第一号から第四号まで（中略）に掲げる行為については、身体の安全、住居等の平穏若しくは名誉が害され、又は行動の自由が著しく害される不安を覚えさせるような方法により行われる場合に限る。）又は位置情報無承諾取得等を

反復してすることをいう。

と規定しています（なお、この条文には、「位置情報無承諾取得等」という文言が
入っていますが、これは令和３年５月26日公布のストーカー規制法の改正により加
えられたもので、その説明は、次の**事例(4)**のところで扱います。）。

〈太郎の行為は「ストーカー行為」に該当するのか〉

　この条文を理解するために、本件の事例に即して必要な範囲で説明しますと、アパートの前での「待ち伏せ」行為でいえば、これは、先ほども説明しましたように、ストーカー規制法２条１項１号に規定されているものです。したがって、今問題にしているストーカー規制法２条４項の条文の「つきまとい等」の次から始まる括弧書きの中で、「第１項第１号」が挙げられており、これはストーカー規制法２条１項１号のことですから、この「第１項第１号に掲げる行為」については、この括弧書きの中で示されている要件が求められることになります。

　そこで、その「第１項第１号」に「掲げる行為については、身体の安全、住居等の平穏若しくは名誉が害され、又は行動の自由が著しく害される不安を覚えさせるような方法により行われる場合に限る。」と規定されていますから、この限定要件を満たす「つきまとい等」でなければ、そもそも、ここでいう「ストーカー行為」には当たらないということになるのです。

　では、太郎の行った「待ち伏せ」といった行為は、孝子にとって「身体の安全、住居等の平穏若しくは名誉が害され、又は行動の自由が著しく害される不安を覚えさせるような方法により行われ」たといえるのでしょうか。このような「不安」の内容に関しては、先ほど、孝子の主観面、つまり、その気持ちにおいて、「不安」を感じただろうという趣旨で述べましたが、ここでは、その客観的な行為の側面から考えて、太郎の「待ち伏せ」という行為をみたとき、それが上記の「不安を覚えさせるような方法」であったかということが問題になるのです。

　この点について、立法者の解釈として、当該第１項１号の行為は、「相手方

に不安を覚えさせると評価できる程度のものである必要があると解される。具体例としては、１号の待ち伏せでは、物陰に隠れて待ち伏せをした」場合などが挙げられるとしています（檜垣・前掲23頁）。したがって、ここでは、太郎は、物陰に隠れて待ち伏せをしていますから、この要件を満たすことになります。

　ただ、そうなると、もし太郎が別の形で「待ち伏せ」していた場合はどうなのだろうかという疑問が浮かぶと思います。具体的には、アパートの前での通常の「待ち伏せ」であれば該当しないのかという疑問です。

　もっとも、そのような場合であっても、被害者がその相手方を極度に恐れて、見た途端に帰宅を諦めて他所に逃げようとするような場合であれば、そのような「待ち伏せ」は、上記の立法者の解釈でいう「相手方に不安を覚えさせると評価できる程度のものである」という評価が可能といえるのではないかと思います。したがって、孝子の心理的不安が募っていて対応状況がそのような状態に至っているのであれば、アパートの前での通常の「待ち伏せ」であっても、これに該当すると考えられないではありません。もっとも、この線引きは非常に難しく、単に、立って待っていただけであれば、相手方に不安を覚えさせるような行為態様ではないとしてストーカー行為の成立を否定される余地がないとはいえません。

〈ストーカー行為とされるためには「反復して」なされる必要がある〉

　その上で、最後の要件になりますが、２条４項の条文の末尾に記載されているように、上記のような「待ち伏せ」行為などを、「反復して」行う必要があります。つまり、「つきまとい等」の行為が、この「反復して」という要件までを満たした場合に、初めて「ストーカー行為」と認められることになるとしているのです。

　要は、仮に「待ち伏せ」などがされても、それが一回だけの単発の行為であれば、被害者はそれほど恐れることもないでしょうから、「ストーカー行為」には該当しないものとし、刑罰の対象から外したのです。

　では、何回繰り返したら「反復して」といえるのかという点が問題となり

ますが、これについては、立法者も「複数回繰り返してということを意味する。」（檜垣・前掲21頁）という程度のことしかいっておらず、はっきりとしたことはいえません。私としては、2回以上で、複数回になり、「反復して」の要件を満たすと考えています。もっとも、本件の太郎のように、短期間に何十回も待ち伏せをしていれば、これに該当することは間違いありません。

　したがって、この事例では、太郎には、ストーカー規制法違反が成立しますので、警察に逮捕されるようなことがあっても不思議ではありません。

〈予想される太郎に対する刑事処分〉

　本件の事例では、たしかに太郎の行為は、孝子にとって迷惑な話であり、すぐにでも止めて欲しい行為であると思います。ただ、その行為は、あくまで恋愛を成就させたいという、身勝手ではあるものの、悪気があってしているものではありません。そうなると、本件で、逮捕されるかどうかは微妙ですが、少なくとも、太郎自身が孝子に迷惑を掛けたことを認識し、それを反省して、もう二度としないというのであれば、そして、孝子がそれを条件に許してくれるのであれば、逮捕に至ることはないでしょう。また、当該事件が検察官に送致された後、検察官も敢えて起訴をするようなことはせずに、起訴猶予とするでしょう。ただ、それでも孝子が許してくれなければ何らかの刑事処分がなされると思います。

　もっとも、太郎が事実を否認して反省の態度をまったく示さず、また、同様の行為に出るおそれがあるなどの事情があれば、公判請求されることも十分にあり得るだろうと思われます。

　ここで述べたように、いくら愛情があるからといっても、相手方が拒否しているのであれば、無理は禁物です。昔であれば、若気の至りなんだからといって許容してくれる雰囲気が社会の中にもないではありませんでしたが、現代は対人関係には厳しい時代です。太郎のような行為に出ることが悪いことだと意識していない方も多いと思われますので、これを機会にストーカー規制法がどのような規制をしているかについても、よく理解しておいてください。

第4章　ストーカー規制法違反（その2）
──ぼくがフラれて未練がましく彼女を見張ったら犯罪になるの？──

事例(4)

　A化粧品会社のサラリーマンである甲野太郎は、長年、大学時代の同級生乙野花子と交際を続けてきたが、花子は、別に好きな人が出来たので、太郎とは別れたいと切り出した。太郎は、花子への未練があったため、別れることには応じない、もし、別れるというなら、一生付きまとってやるなどと言って、これを拒否した。

　しかし、花子は、携帯電話の番号やパソコンのアドレスも変えた上、住んでいたアパートも引っ越そうとしている様子がうかがわれた。太郎は、花子がどこに行こうとしても、いつも見張られていると思わせて怖がらせてやろうと思い、物陰に隠れて花子の帰宅する行動などを観察し、時には、その姿を現して、何時も見られているぞということが花子に分かるようにして、継続的に見張りを続けて花子の様子をうかがっていた。

　ところが、花子は通勤に自動車を使っていたため、その行動範囲を正確に知ることは困難であった。そこで、太郎は、実際に見張りをする代わりに、花子の自動車の車体の裏側に、磁石で接着するGPS端末機器を貼り付け、その端末機器から得られる当該自動車の位置情報をパソコンで入手し、花子の行為を見張り続けた。

　太郎の行為は、法的に何か問題があるのでしょうか。

〈この事例に対する考え方〉

　ここでは、太郎の行為が、「見張り」行為として、「ストーカー行為」に該当するのか、また、**GPS端末機器を被害者の車両に装着し、その行動を電子的に監視する行為**が、ストーカー規制法の対象となる「見張り」行為として「ストーカー行為」に該当するのかということが問題になります。

　このうち後者のGPS端末機器の装着については、裁判所でも見解が分かれ

ておりましたが、最終的に、最高裁が、「見張り」行為に該当しないと判断したことから、一時、GPS端末を使ったストーカー行為が野放しになりました。しかし、その後、法改正がなされたことにより、その行為をもストーカー行為として規制の対象とされたことで、現在では処罰できるようになっています。

　ここでも、先の【事例⑶】と同じように、太郎の行為がストーカー規制法でどのように規定されているのか、それに対して、裁判所がどのような判断をしてきたのか、更には、どのように法改正がなされたのかなどについて順序立てて説明したいと思います。

〈本件での太郎の行為が「見張り」によるストーカー行為に該当するか〉

　先の **事例**⑶ では、太郎による過剰な求愛行動の問題を検討しました。そこでは、行為の目的が、「恋愛感情その他の好意の感情を充足する目的」であったのですが、ここでは、「恋愛感情その他の好意の感情が満たされなかったことに対する怨恨の感情を充足する目的」ということになります。太郎は花子を恨んでいたのであり、太郎にこの目的があったことは明白でしょう。

　そうなると、先に検討した「ストーカー行為」となるための要件として、ここでは、太郎のどのような行為が問題となるのでしょうか。先に示したストーカー規制法２条１項１号で規定されている「つきまとい等」のうち、「住居、勤務先、学校その他その通常所在する場所（以下「住居等」という。）の付近において見張りをし」た行為がここでは問題となるでしょう。

　太郎は、いつも見張られていると思わせて怖がらせてやるために、物陰に隠れて花子の帰宅する行動などを観察し、時には、その姿を現して、何時も見られているぞということが花子に分かるようにして、継続的に見張りを続けていましたから、これが上記の条文にいう「見張り」に該当することは明らかでしょう。

　また、そのような「見張り」の態様は、「身体の安全、住居等の平穏若しくは名誉が害され、又は行動の自由が著しく害される不安を覚えさせるような方法により行われる場合」に該当するでしょうし、しかも、太郎は、それを「反復して」行っていますから、「ストーカー行為」の要件を定めたストー

カー規制法2条4項の要件も満たします。

　そうなると、上記の行為だけで、太郎には、ストーカー規制法違反が成立します。

〈太郎のしたGPS端末機器の取付けは「見張り」といえるか〉

　この事例で更に検討が必要なのは、太郎が花子の自動車にGPS端末機器を取り付けて、その行動を電子的に把握し続けた行為についてです。このような行為は、花子にとって、ずっと見張られているようなもので、上記の「つきまとい等」のうちの「見張り」に該当しないのでしょうか。もし、「見張り」に該当するのであれば、この行為もストーカー行為として処罰の対象となります。以下、この点について検討します。

〈GPS端末機器とは〉

　GPS（Global Positioning System）とは、**全地球的位置情報システム**と呼ばれるもので、地球の上空にある数個の衛星からの信号をGPS受信機で受け取り、受信者が自身の現在位置を知るシステムです。そして、その信号を受信できる端末機器を特定の物体にセットすることで、当該物体の位置情報を得ることができるものです。

　日本国内では、例えば、警備会社などがGPS端末機器を提供しています。この位置情報は、子供の通学の状況など、その所在地を親が確認するためなどにも必要なものです。

　そして、自動車の位置情報を得るための使用方法としては、縦8～9cm、横4～5cm、厚さ2cm程の大きさの黒いケースに入れられたGPS端末を、磁石によって車体の一部に接着させて取り付けた上、その位置情報が警備会社などのサーバに送られることから、携帯電話を使用して当該サーバにアク

セスし、当該自動車の位置情報を検索することにより、その携帯電話の画面上にGPS端末が取り付けられた対象車両の所在位置のおおまかな住所、測位時刻、測位誤差及び地図

上の位置を表示させることができるものです。

〈GPS端末機器の使用は、「見張り」に該当するか〉

　本件の事例の太郎は、自分の目で直接に見ることでは「見張り」を遂行する上で限界があることから、GPS端末機器に代行させようとしたものです。では、法的に、このようなGPS端末機器の使用は、「見張り」という概念に含まれるのでしょうか。

　これを否定する見解は、例えば、**平成30年9月21日福岡高裁判決（判例時報2463号62頁）**などがありますが、そこでは、「見張り」とは、一般に、視覚等の感覚器官によって対象の動静を観察する行為と解されることから、GPS機器を本件自動車に取り付け、同車の位置を探索して同人の動静を把握する行為は、「見張り」に該当しないというものです。

　しかしながら、このような見解は、電子機器等による情報通信技術が高度に発展した現代社会においては、時代的、社会的実態を直視しない見解との批判は免れないと思われます。人の目に代わる電子機器の目というものが世の中に存在し、人の目による観察行為に代わる存在として、遠隔操作のできるビデオカメラなどがあり、また、今回問題となっているGPS端末機器も同じように位置付けるべきでしょう。

　このような考え方に立脚した見解として、**平成29年9月22日福岡高裁判決（高検速報平成29年282頁）**（先に挙げた福岡高裁判決をした裁判官とは別の裁判官によるものです。）では、「構成要件上、被害者が『見張り』行為の対象に置かれていることを直接、同時的に知る必要はないというべきであるから、本件で用いられたGPS機器及びビデオカメラは、得られた情報を後の時点で認識するという特徴があるものの、それが『見張り』に該当しないとの解釈は採り得ない。」として、GPS端末機器による「見張り」もストーカー行為に該当すると判断されています。

　つまり、2条1項1号の構成要件では、「見張り」をすることをストーカー行為に該当するとしているものの、それは、被害者が見張られていることを、見張りの際に知っていなければならないなどとは書いていないので、後から犯人が被害者の位置を知るなどの「見張り」であっても、2条1項1号

の「見張り」に含まれるとしたものです。

　現代の情報化社会にマッチした考え方
であると評価できるでしょう。

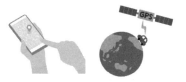

〈令和2年7月30日最高裁判決（最高裁判所裁判集刑事328号19頁）〉

　ところが、令和2年7月30日最高裁判決では、GPS端末機器を被害者の車両に取り付けたとしても、「見張り」に該当しないという判断を示しました。この判決では、「ストーカー規制法2条1項1号は、好意の感情等を抱いている対象である特定の者又はその者と社会生活において密接な関係を有する者に対し、『住居、勤務先、学校その他その通常所在する場所（住居等）の付近において見張り』をする行為について規定しているところ、この規定内容及びその趣旨に照らすと、『住居等の付近において見張り』をする行為に該当するためには、機器等を用いる場合であっても、上記特定の者等の『住居等』の付近という一定の場所において同所における上記特定の者等の動静を観察する行為が行われることを要するものと解するのが相当である。」と判示しました。

　つまり、「見張り」という行為は、一定の場所において特定の者の動静を観察するものに限定されるとして、GPS端末機器による場合は、「見張り」に該当しないとしたのでした。

　そして、この最高裁の事案では、被告人（これがストーカーの犯人ですが）は、元交際相手が利用していた美容室の駐車場等において、同女の自動車にGPS端末機器を取り付けて、同車の動きを把握できるようにし、その実際の位置探索は、同駐車場等の付近から離れた場所で行っていました。

　そうしたところ、本件最高裁判決は、上記の駐車場等を離れて移動する同車の位置情報は、同駐車場等の付近における同人の動静に関する情報とはいえないことから、「住居等の付近において見張り」をする行為に該当しないとしました。つまり、特定の者等の「住居等」の付近という一定の場所においてなされる観察行為でなければ該当しないと判断したのです。結局、離れた場所から見張ることができるGPS端末機器を用いた「見張り」は、ストーカー規制法2条1項1号の「見張り」には該当しないとし結論づけたのです。

この判断が示されたことで、ストーカー犯人は、GPS端末は使い放題になり、これを被害者の車両に取り付けてその行動を逐一監視しても犯罪にはならないとされたものです。

〈令和3年5月26日公布に係るストーカー規制法の改正〉

　上記の最高裁判決は、法的判断としても妥当性を欠きますし、また、現実の問題としてもストーカー犯人を野放しにするに等しいものでした。そのため、直ちに、立法による対策を立てる必要に迫られました。そこで、警察庁は、その改正案を作成し、国会での審議を経て、ストーカー規制法の改正を行い、この改正法は、令和3年5月26日に公布されました。そして、このGPS端末機器の規制については公布の日から3か月後に施行されました。

　具体的には、既に紹介したストーカー規制法2条4項の「ストーカー行為」の定義について、先にも紹介した条文ですが、ここで関係のないところを（中略）として表記しますと

　　4　この法律において「ストーカー行為」とは、同一の者に対し、つきまとい等（中略）又は位置情報無承諾取得等を反復してすることをいう。

として、GPS端末機器を使った位置情報の取得を、**位置情報無承諾取得等**と表現して、これをつきまとい等以外の別のストーカー行為として新たに規定したのです。

　そして、具体的には、「位置情報無承諾取得等」については、ストーカー規制法2条3項に定義規定が設けられ、それによると、

　　3　この法律において「位置情報無承諾取得等」とは、特定の者に対する恋愛感情その他の好意の感情又はそれが満たされなかったことに対する怨恨の感情を充足する目的で、当該特定の者又はその配偶者、直系若しくは同居の親族その他当該特定の者と社会生活において密接な関係を有する者に対し、次の各号のいずれかに掲げる行為をすることをいう。
　　一　その承諾を得ないで、その所持する位置情報記録・送信装置（中略）により記録され、又は送信される当該位置情報記録・送信装置の位置に係る位置

　　情報を政令で定める方法により取得すること。
　二　その承諾を得ないで、その所持する物に位置情報記録・送信装置を取り付
　　けること、位置情報記録・送信装置を取り付けた物を交付することその他そ
　　の移動に伴い位置情報記録・送信装置を移動し得る状態にする行為として政
　　令で定める行為をすること。

と規定されています。最初の部分の規定は、これまでに説明したことでもう
お分かりになると思います。そして、「一」とされているところからが新しく
登場した条文ですが、まず、**位置情報記録・送信装置**とは、GPS端末機器の
ことであり、これをストーカー行為をするに当たって、相手方の了解を得る
ことなく取り付けて、その位置情報を取得することや、GPS端末機器を勝手
に所持品に取り付けたり、GPS端末機器を取り付けた物を渡したりして、そ
の位置情報を取得する行為なども「ストーカー行為」の一種であるとして、
これまでの「ストーカー行為」と同様に禁止の対象とされたのです。

　この改正法が施行されることによって、やっと被害者はストーカー犯人に
係るGPS端末機器による位置探索から逃れることができるようになったの
です。

〈予想される太郎に対する刑事処分〉

　この事例では、太郎は、先に述べましたように、「見張り」に該当する行為
をしていますし、GPS端末機器を設置した行為についても、法改正によっ
て、この行為についても「見張り」行為として処罰の対象となります。

　このような悪質な事案であれば、逮捕されることも十分にあり得ますし、
検察官の処分としても公判請求をするのが通常だろうと思われます。もっと
も、太郎が心底反省して、もう二度としないと約束した上、花子がこれを許
した場合などであれば、略式請求による罰金や起訴猶予もあり得ないではな
いと思います。

第5章　迷惑防止条例違反
——外を歩いている人のお尻を写したら犯罪になるの?——

事例(5)

　東京都内のＡ食料品会社のサラリーマンである甲野太郎は、女性のお尻に強い性的魅力を感じる嗜好があり、会社が休みの日には、渋谷などの街中に出ては通行する女性のお尻を見て楽しんでいた。ただ、そのうちには見るだけでは飽き足らなくなり、気に入った女性のお尻を撮影した上で、それを自宅でも見たいと思うようになった。そのため、太郎は、渋谷にあるショッピングセンターに赴き、太郎の好みのタイプの女性である乙野花子が同センター内を歩き回っていたことから、その後をついて歩き、その背後から、右手に所持していたデジタルカメラ機能付きの携帯電話を自己の腰部付近まで下げて、そのカメラで花子のお尻をねらい、10回以上にわたり、衣服に覆われた状態の花子のお尻等を撮影した。

　太郎に対して、何か法的な責任が問われることはあるのでしょうか。

〈この事例に対する考え方〉

　ここで問題とする事柄は、いわゆる**盗撮**といわれる犯罪の一種です。盗撮とは、法的には、「正当な理由なく、人を著しく羞恥させ、又は人に不安を覚えさせるような行為であって、人の通常衣服で隠されている下着又は身

体を、写真機その他の機器を用いて撮影し、又は撮影する目的で写真機その他の機器を差し向け、若しくは設置すること。」などと定義づけられています。ただ、これを読んでも、何がなんだかよくわからないなあという印象を持つのが普通でしょう。

　簡単にいえば、他人の下着姿や裸体を携帯電話のカメラなどを使って撮影したり、撮影しようとしてカメラを指し向けることなどです。そのようなことをされれば、誰でも恥ずかしいと思いますから、そのような行為を、法律ではないのですが、各地方自治体の条例で禁止しているのです。

　ただ、太郎のした撮影行為の対象は、上記の盗撮の定義で登場する下着姿や裸体ではなく、普通に街中を歩いている人の後ろ姿です。このような場合も盗撮に含まれるのでしょうか。

　以下、盗撮一般の法的な規制内容をも含めて、順次、検討することにしましょう。

〈盗撮を禁止する法的な根拠は〉

　盗撮については、各地方自治体で制定されている迷惑防止条例というもので規制されています。例えば、東京都であれば、**公衆に著しく迷惑をかける暴力的不良行為等の防止に関する条例**（以下「東京都迷惑防止条例」と略称して呼びます。）が制定されており、その5条1項2号において「盗撮」を禁じています。

　具体的には、5条1項の最初のところで、

　　第五条　何人も、正当な理由なく、人を著しく羞恥させ、又は人に不安を覚えさせるような行為であって、次に掲げるものをしてはならない。

として、人が羞恥したり、不安になるような行為は禁止であるということを規定した上で、そこに具体的な禁止行為を各号に列挙しています。ちなみに、そこでの1号は、痴漢行為を禁止するものです。

　そして、盗撮については、その2号において、

　　二　次のいずれかに掲げる場所又は乗物における人の通常衣服で隠されている下着又は身体を、写真機その他の機器を用いて撮影し、又は撮影する目的で写真機その他の機器を差し向け、若しくは設置すること。
　　イ　住居、便所、浴場、更衣室その他人が通常衣服の全部又は一部を着けない
　　　状態でいるような場所
　　ロ　公共の場所、公共の乗物、学校、事務所、タクシーその他不特定又は多数
　　　の者が利用し、又は出入りする場所又は乗物（イに該当するものを除く。）

と規定されています。

　ここでの最初の部分は、先に盗撮の定義で述べたこととほぼ同じ内容になっています。その上で、その盗撮を禁じる場所として、イの項目で、通常、

人が衣服の一部を脱いでいる場所を挙げ、ロの項目で、多くの人が利用した
り、出入りする場所を挙げています。というのは、そういった場所での盗撮
がこれまで多く見られたからです。イの項目では、圧倒的に多いのが女性用
トイレです。このトイレの中に隠しカメラをセットし、それを遠隔操作して、
利用中の女性の身体を撮影するというものです。また、ロの項目では、女性
のスカートの下へカメラ類を忍ばせて、その下着姿を撮影するというのが最
も多い類型です。

　そして、その刑罰としては、同条例8条2項により、盗撮をした者に対し
て、「1年以下の懲役又は100万円以下の罰金」に処することとされています。

　ただ、これらの行為のうち、特に、イの女性用トイレなどに撮影機器を
セットするなどの行為は、かなり計画的かつマニアックなものであって、一
般の人がふと陥ってやってしまうというようなものではないでしょう。ま
た、女性のスカートの下にカメラ等を忍ばせるのも、常習的な犯行であるこ
とが多く、これもまたついやってしまうという犯罪ではないと思われます。

　しかしながら、本件の事例のような事案であれば、太郎ならずとも、つい
やってしまうということもあり得るのではないかと思って事例として提示し
たものです。

〈太郎の行為は女性にどのような感情を抱かせるか〉

　前述したように、盗撮の一般的な禁止規定の内容はお分かりになると思い
ますが、太郎の行為は、決して下着姿や裸体の女性を撮影したものではあり
ません。街中で通常見られる姿の女性を撮影しただけです。このような行為
が犯罪として処罰の対象となるのでしょうか。

　しかしながら、このようなことをされた女性側としては、どのような気持
ちになるのでしょう。いくらスカートやズボンで覆われているとはいって
も、まったく知らない人に、自分のお尻だけを集中的に何枚も撮影されて、
何も気にしないわという人ばかりではないでしょう。やはり、多くの女性は、
そのようなことをされれば、この条例の5条1項の最初のところに規定され
ているように、「著しく羞恥させ」られるでしょうし、また、その行為は「不
安を覚えさせるような」ものであるといってよいのではないかと思われます。

〈太郎の行為が構成する犯罪はなにか〉

　ただ、先に挙げた東京都迷惑防止条例に関しては、盗撮の説明のためでしたので、この条例の5条1項2号までしか挙げていませんでしたが、実は、その5条1項には、もう一つ3号があり、この太郎の行為に対応するような禁止規定が出てきます。

　そこでは、

　　三　前二号に掲げるもののほか、人に対し、公共の場所又は公共の乗物において、卑わいな言動をすること。

と規定され、「前二号」、つまり、先に述べましたように、1号が痴漢行為の禁止で、2号が盗撮の禁止ですが、それ以外にも、「公共の場所又は公共の乗物において、卑わいな言動をする」ことが禁止されており、太郎の行為は、この「卑わいな言動」に該当すると考えられるのです。女性のお尻を着衣の上から撮影することが「卑わいな言動」というものに該当するのかと疑問に思われる方もいるかもしれませんが、その点については、後で説明します。

　そして、そのような行為は、5条1項の最初のところで、「何人も、正当な理由なく、人を著しく羞恥させ、又は人に不安を覚えさせるような行為であって、次に掲げるものをしてはならない。」と規定されていることに関しても、撮影された女性をして、「著しく羞恥させ、又は人に不安を覚えさせるような」ものであることは明らかでしょう。

　そして、その刑罰としては、同条例8条1項2号により、盗撮より軽い罪ですが、6月以下の懲役又は50万円以下の罰金が科せられています。

〈平成20年11月10日最高裁判所決定（判例タイムズ1302号110頁）〉

　実は、この太郎の事例は、実際に北海道で起きた事件を、ほぼそのまま渋谷のショッピングセンターに置き換えただけのものです。

　この実際の事件は、**平成20年11月10日最高裁判所決定**により有罪判決が言い渡されています。なお、実際にあった事件での判決で認められた犯人の行為（以下の「被告人」というのが犯人になります。）は、

次のとおりです。

「被告人は、正当な理由がないのに、平成18年7月21日午後7時頃、北海道旭川市内のショッピングセンター1階の出入口付近から女性靴売場にかけて、被害者A（当時27歳）に対し、少なくとも約5分間、40m余りにわたって、その後を付けねらい、その背後の約1ないし3mの至近距離から、右手に所持していたデジタルカメラ機能付きの携帯電話を自己の腰部付近まで下げて、そのカメラで同女の臀部をねらい、約11回にわたり、衣服に覆われた同女の臀部等を撮影するなどの卑わいな言動をし、もって、公共の場所にいる者に対し、人を著しくしゅう恥させ、かつ、不安を覚えさせるような行為をした。」

そして、北海道でも、先の東京都迷惑防止条例とほぼ同じ内容で、北海道迷惑防止条例というものを制定しており、そこでも、公共の場所での「卑わいな言動」を禁止していましたので、被告人に対しては、罰金30万円の判決が言い渡されています。

〈なぜカメラで女性のお尻を撮影したことが「卑わいな言動」になるのか〉

前記の判決に対しては、カメラで街中の女性のお尻を撮影したことが、なぜ「卑わいな言動」というものに該当するのかは疑問を持たれる方もいるだろうと思います。

そこで、上記最高裁判所の決定では、その点について、次のように説明しています。ここでいう「『卑わいな言動』とは、社会通念上、性的道義観念に反する下品でみだらな言語又は動作をいうと解され」るとし、その上で、本件の「事実関係によれば、被告人の本件撮影行為は、被害者がこれに気付いておらず、また、被害者の着用したズボンの上からされたものであったとしても、社会通念上、性的道義観念に反する下品でみだらな動作であることは明らかであり、これを知ったときに被害者を著しくしゅう恥させ、被害者に不安を覚えさせるものといえるから」、北海道迷惑防止条例違反が成立すると判示したのです。

要は、いくらズボンの上からといってもお尻だけを執拗に撮影されることは、社会通念上、性的道義観念に反する下品でみだらな動作であることは明

らかであることから、それは「卑わいな言動」に該当しますし、それによって、当該女性からしてみれば、「著しくしゅう恥させ、被害者に不安を覚えさせるもの」にほかならないので、この条例の規定に違反するものになるということなのです。

〈本件の事例とは異なるものの留意しておくべき事例──電車内において携帯電話のカメラなどで向かいの席に座っている女性のスカートの中を撮影する行為は許されるのか〉

　では、本件の事例のように、女性のお尻を執拗に付け回して撮影するなどの行為ではなく、電車に乗っているとき、向かい側の女性が足を広げて座っていた際に、自分の席から、携帯電話のカメラなどを使って、相手に分からないようにそのスカートの中を撮影する行為はどうでしょうか。

　ここで、先に説明した盗撮に関する東京都迷惑防止条例5条1項2号の規定をもう一度見てもらいたいのですが、そこでは、「次のいずれかに掲げる場所又は乗物における人の通常衣服で隠されている下着又は身体を、写真機その他の機器を用いて撮影し、又は<u>撮影する目的で写真機その他の機器を差し向け、若しくは設置</u>すること。（後略）」とされている規定のうち、この事案で該当しそうな行為としては、「撮影する目的で写真機その他の機器を差し向け」という行為が該当しそうです。

　しかしながら、この場合の行為は、これには該当しないと考えられています。というのは、この「差し向け」という行為は、スカートの中の下着等を撮影するために、そのような場所に写真機等を、実際に「差し向け」ることを想定しており、要は、差し出すなどの外形的行為が必要であると考えられるからです。「差し向け」るという行為は、その文理解釈（本書の最初に説明した解釈の一つです。）からしても、人が腕を伸ばして差し出す中で、何かをそこに向けるという行為と解釈できるからです。

　したがって、カメラを自分の席や身体に固定し、向かい側の女性の全身像が入るような撮影方法においては、写真機等を「差し向け」たとはいえないと解釈せざるを得ないのです。

　では、スカートの中を撮影することを意図されて、自分に向けられた撮影を、その女性は我慢しなければならないのでしょうか（もっとも、そのような意図に気付けばすぐに足を閉じて撮影されないようにするとは思いますが。）。

　実は、この場合の撮影行為も、先に述べたのと同様に「卑わいな言動」に該当するとして、迷惑防止条例違反となるのです。

〈平成26年4月25日神戸地裁判決（公刊物未登載）〉

　このような事案について判断したものとして、平成26年4月25日神戸地裁判決が参考になります。まず、この判決で認められた事実関係は、次のとおりです。

　「被告人は、平成25年6月17日午前零時3分頃から同日午前零時9分頃までの間、神戸市内のA駅から同市内のD駅までの間を走行・停止中のE駅行き電車内において、対面の座席に座っていたF（当時19歳）に対し、所携のカメラ機能付き携帯電話機をズーム状態に作動させた上で、これを同人の下半身に向けて撮影するなどし、もって、公共の乗物において、人に対して、不安を覚えさせるような卑わいな言動をした。」

　これは兵庫県内の事件でしたが、兵庫県でも、先の東京都迷惑防止条例とほぼ同じ内容で、兵庫県迷惑防止条例というものを制定しており、そこでも、公共の場所での「卑わいな言動」を禁止していましたので、被告人に対しては、この件に関しては罰金20万円の判決が言い渡されています。

〈被告人の行為は本当に「卑わいな言動」といえるようなものであるのか〉

　ただ、この裁判では、弁護人は、被告人は向かいの席に座った状態で見ることができる女性の全身等をそのまま撮影したに過ぎないことから、このような行為は、「卑わいな言動」に該当しないと主張していました。

　そこで、本件判決は、この点について、次のように判示しました。

　すなわち、被告人の「携帯内に保存されていた画像からすれば、被告人が、ミニスカートを履いて対面に座っていた女性の、ミニスカートの裾と膝の間あたりという特定の部位を狙って画像を撮影していることが認められる。電車内で、ミニスカートを履いて座席に座っている女性が、対面に座っている

男性から、上記のような特定の部位を狙う態様で撮影されれば、通常衣服で隠れており、かつ、性的な意味合いを持つ部分を、ミニスカートの裾と太ももの隙間から撮影されているのではないかと感じ、性的羞恥心を覚えることは社会通念上明らかといえる。そして、被告人が、約6分の間に、上記のような相手方に性的羞恥心を感じさせるような態様で、少なくとも3枚の画像を（そのうち2枚は上記特定の部位を狙って）撮影していることからすれば、被告人による上記撮影行為は、社会通念上、性的道義観念に反する下品でみだらな動作にあたり、本件条例3条2項の『卑わいな言動』にあたると認められる。」として、本条例違反を認定したのでした。

　たしかに、対面に座っている女性のスカートの中が見えるような姿態を目視することは日常的にもないではないと思いますが、その際に、対象となった女性を、単に目で見る行為と、カメラで撮影する行為とでは、後に対象となった女性の画像を反復的・永続的に閲覧することができるか否かという点で質的に異なるといえると思います。この点で、当該撮影行為は、「社会通念上、性的道義観念に反する下品でみだらな動作」であり、「卑わいな言動」といってよいと思われます。

　さらにいえば、被告人は、当該女性の下半身という特定の部位にズームインして撮影しているのであって、単に目で見る行為と同視することもできないことからすれば、本件判決の認定は当然だろうと思われます。

〈近時における類似の事例の紹介〉

　また、同様に臀部を撮影したり、盗撮に至らない段階での撮影行為についても、この「卑わいな言動」として認められた事例があるので紹介しておきます。

　これは、令和4年12月5日最高裁決定（刑集76巻7号707頁）の事案で、その下級審である令和4年1月12日東京高裁判決（判例タイムズ1503号40頁）で認められた事実関係は、以下のとおりです。

　「被告人は、令和2年5月29日午後4時7分頃、東京都町田市内のX店において、膝上丈のスカートを着用したA（当時26歳）のスカートの中を撮影することを企図して、動画を撮影する機能を有し、本体の大部分を黒色ビニール

テープで覆う細工をして判別困難にした小型カメラを下方に下げた左手に持ち、Aの背後の至近距離から、Aの下半身に向けた同カメラでその臀部等を約5秒間動画で撮影し、さらに、前かがみの姿勢をとったAのスカートの裾と同じ程度の高さの位置で、Aの下半身に向けて同カメラを構えるなど、Aや周囲の人から見ても、Aのスカートの中等を撮影しようとしているのではないかと判断される行為を行い、もって、正当な理由がないのに、公共の場所において、人を著しく羞恥させ、かつ、人に不安を覚えさせるような卑わいな言動をした。」

そして、本件最高裁決定は、「このような被告人の行為は、Aの立場にある人を著しく羞恥させ、かつ、その人に不安を覚えさせるような行為であって、社会通念上、性的道義観念に反する下品でみだらな動作といえるから、公衆に著しく迷惑をかける暴力的不良行為等の防止に関する条例5条1項3号にいう『人を著しく羞恥させ、人に不安を覚えさせるような卑わいな言動』に当たるというべきである。」と判示しました。極めて妥当な判断といえましょう。

〈予想される太郎に対する刑事処分〉

本件では、実際の事案と同様に、太郎には罰金が科せられることになります。

以上、見てきましたように、明らかに盗撮と分かるような行為を皆さんが行うとは思っていませんが、自分では、この程度なら違法ではないだろうと思っても、それが本件で示したように各地方自治体の迷惑防止条例に違反することもあります。基本的には、相手方がそんな撮影をされたら嫌だろうなと思えるような行為は、この迷惑防止条例で捕捉されていると思っておくことです。

第6章　嘱託殺人罪
──不治の病で苦しんでいる妻から頼まれて殺したら犯罪になるの？──

事例⑥

　甲野花子は、小さい頃から母一人子一人で生活してきており、母親甲野幸子の深い愛情の下で育てられてきた。そのため、花子は、幸子のことを常に第一に考えており、結婚の話があっても乗り気ではなく、気が付いたら花子も50歳を過ぎるに至っていた。それでも幸子と二人で楽しく暮らしていたが、ある日、幸子が階段から足を滑らせて落ちてしまい、背骨を折る大怪我をしてしまった。そのため入院もしたが、これを切っ掛けに幸子の生活は極めて不自由なものとなっていった。幸子は、歩くのもままならず、杖や車いすが不可欠となり、次第に、愚痴も多くなって、花子が「頑張ればよくなるよ。」と励ましても、「もう死んだほうがいい。」、「痛いばかりの人生は嫌だ。」、「あんたはどこも痛くないだろうから、痛い気持ちが分かるわけはないわ。」などと言い放つ始末であった。

　その後、幸子は、リュウマチやヘルニアなども併発し、痛み止めを飲んでも効かないような状態にまで陥った。花子が主治医のA医師に相談しても、「痛み止めをこれ以上増やすと、他に悪影響が出るし、死期を早める危険も出てくる。痛いのは我慢してもらわないと。」と言って取り合ってくれなかった。

　幸子は、連日、「痛い、痛い。」。「こんなことなら死にたい。」、「死んで楽になりたい。」と繰り返すばかりで、花子も、もはや掛ける言葉もなかった。

　そのようなことが繰り返され、花子は、思い切って、「お母さん、本当に死にたいの。」と聞いたところ、「お前には苦労を掛けさせて悪かったわ。でも、もう痛いだけでなんの希望もないまま、苦しむためだけに生きているのはもう嫌なの。お前とは良い想い出がいっぱいあるから、そ

れを持ってもうあの世に行かせて。お願いだから。」と言って、泣いて懇願した。

　花子は、その言葉を聞いて、もはや母親をこれ以上苦しませるわけにはいかないと決意し、「もう一度聞くけど、本当に死にたいの。」と言うと、幸子は、無言ではあったが、はっきりと首を縦に振った。それで、花子は幸子を死なせることを決意し、電気の延長コードを持ってきて、それを幸子の首に巻き付けて思い切り両手で引っ張り、幸子を窒息死させた。

　さて、花子の刑事責任についてはどのように考えるべきでしょうか。

〈この事例に対する考え方〉

　ここでは、**介護疲れ殺人**と**安楽死・尊厳死**の問題を取り上げてみたいと思います。

　今日の我が国において、近親者による老親などの老人介護は、非常に重大な社会的問題としてのし掛かっています。厚生労働省による平成30年介護保険事業状況報告（年報）によれば、要介護（要支援）認定者数は、平成30年3月末の641万人から、平成31年3月末には、658万人に増加し、令和3年末現在では、これが690万人にまで増加しています。平成12年度では、256万人でしたから、20年も経たないうちに、2.7倍近くにも増えているということです。このペースは今後も落ちることはなく、同様に右肩上がりで増加していくことに間違いないでしょう。

　このように介護を要する老人等は増加するものの、それに対応するだけの行政的支援などが十分になされていない可能性もあり、その狭間において、介護疲れから老親若しくは老配偶者を殺害するという事件が起きています。このような介護の問題は、誰にでも起き得る問題であり、その疲れから、殺人に至ってしまうということも決して他人事ではないと思うべきでしょう。

　そこで、被介護者がその身体的苦痛などから、真摯に自らの死を望んだ場合、それを実現させることの可否、つまり、安楽死の問題を取り上げてみたいと思います。また、それに関連して尊厳死についてもどのように考えるべきかを検討しましょう。

　まずは、そもそも介護疲れ殺人として、実際のところ、どのような事例があるのか、いくつか参考になる裁判例を紹介したいと思います。

〈介護疲れ殺人の裁判例①──平成27年7月8日千葉地裁判決(公刊物未登載)〉

　この事件は、夫Aが妻Bを殺害したものです。起訴された被告人である夫Aは92歳の男性でありましたが、83歳になる同居の妻Bから頼まれて同女を殺害したものです。この妻Bは、老齢により足腰の衰えが顕著になってからは、足腰に常に痛みを抱えていました。

　そこで、これを和らげるために病院を何度も受診し、処方された鎮痛薬を服用するなどしていたものの、効果は乏しく、絶えず痛みに悩まされながら、痛みに起因する不眠にも酷く苦しんでいました。そのため、妻Bは、死ぬ以外に痛みから逃れる方法はないのでないかという思いを抱き、また、家族に大きな負担をかけていることを耐え難く思う気持ちもあり、夫Aらに対して、安楽死を望むかのような発言を繰り返すようになりました。

　夫Aは、これを聞いて、妻Bを不憫に思う気持ちや無力感が強くなり、昼夜を問わずに眠る間もなく妻Bの介護に追われるうちに、夫A自身の疲労の色も濃くなっていきました。

　そして、ある日、自宅の廊下で転倒した妻Bの手助けに夫Aが駆け付けた際、妻Bは、「もう生きていても苦しいだけなので、殺してほしい。」と懇願しました。そこで、夫Aは、妻Bを苦しみから解放するには、もはや自分が殺してやるしかないものと考え、苦渋の思いでその申出を了承しました。夫Aは、妻Bと2人で寝室に移動し、布団に横になった妻Bに添い寝をしながらしばらく想い出話をし、その後、素手で妻Bの首を絞めて殺害しようとしたものの、うまく絞めることができませんでした。そのため、妻Bはネクタイを用いて首を絞めてくれるよう夫Aに求めました。そこで、夫Aは、洋服箪笥からネクタイを持ち出し、妻Bの首にネクタイを二重に巻き付け、本当に絞めていいのかと覚悟のほどを確かめましたが、妻Bの決意は揺るぎませんでした。それで、夫Aは、ネクタイで思い切り妻Bの首を絞めて殺害したのでした。

〈本件はどうしたらよかったのか〉

このような事案では、本来であれば、妻Bの痛みを完全に取り除く治療ができればよいのですが、実際のところ、身体の痛みを取り去ることは容易ではありません。腰痛などの慢性痛に悩んでいる人たちには我が身を振り返って容易に理解できるのではないかと思います。

末期がんの患者もその耐え難い苦痛に苦しむことが多いので、その苦痛を取り除くための**緩和ケア**という医療の分野が発展し、これに対応しているのですが、それでも必ずしも十分ではないのが実態のようです。この点について、「最近の日本におけるがんの有痛率、除痛率は、(中略) 末期状態で有痛率は平均73％、除痛率は60％に満たない。」とされ、緩和ケア病棟においても、「その除痛率は80％であり、やはり完全除痛は困難である。」（月山淑＝畑埜義雄「緩和病棟における苦痛緩和と尊厳死・安楽死」麻酔55巻増刊号〈2006年〉101頁）といわれています。この場合には、残りの20％の患者は耐え難い苦痛に悩まされ続けていることになるのです。

このような結果を見る限り、人は生きている限り、痛みからは逃れられないと考えてしまうしかないと思われます。

〈本件において成立する犯罪は何か〉

この夫Aの行為に対して科される罪は、本書の最初のあたりで説明した刑法199条の殺人罪ではありません。確かに妻Bを殺しているのですが、これは妻Bからの依頼に基づいているので、このような場合には、刑法202条において、

　　第二百二条　人を教唆し若しくは幇助して自殺させ、又は人をその嘱託を受け若しくはその承諾を得て殺した者は、六月以上七年以下の懲役又は禁錮に処する。

と規定されている犯罪のうちの**嘱託殺人罪**が成立いたします。

まず、この条文の前段の「人を教唆し若しくは幇助して自殺させ」という部分は、自殺関与罪というものを定めており、他人に自殺を**教唆**したり、これは自殺するようにそそのかしてその決意をさせることですが、また、既に

　自殺するつもりの人を**幇助**して自殺させる、これは自殺の手伝いをするような行為に及んだ場合に成立するものですが、それら他人の自殺に関わる行為を処罰の対象とするものです。つまり、自分が自殺するのは罪にはならないのですが（それを処罰する規定がないからです。）、他人の自殺を手伝ったりすると罪になるというものです。ちなみに、三島由紀夫らが割腹自殺をした際、その介錯をした者が自殺幇助に問われて処罰されています。

　本件での夫Ａの行為は、その条文の後段の「人をその嘱託を受け若しくはその承諾を得て殺した」という部分に該当します。この場合、妻Ｂから、殺して欲しいとの「嘱託」を受けたと見られますから、その嘱託に基づいて殺害したので、この罪が成立したと考えられるのですが、この場合、殺人罪よりかなり軽い罪が定められています。また、積極的な嘱託がなくても、被害者が「承諾」している場合には、**承諾殺人罪**として同様の扱いがなされます。

　ただ、そうはいっても人を殺していることに変わりはないのですから、夫Ａは、警察に逮捕されるなどの刑事手続上の取扱いを受けています。

〈本件についての裁判結果〉

　千葉地裁は、本件の判決において、被告人である夫Ａに対し、懲役３年、５年間執行猶予という刑罰を宣告しました。

　そして、その量刑の理由について、本件判決は、「被害者の命が失われた結果の重大性は重く受け止めなければならないものの、被告人が、被害者の介護に追われ、心身共に疲弊し、追い詰められた状況で、被害者から殺してほしいと懇願され、苦しみから解放するためには他に方法はないと考えて犯行に及んでおり、その判断を強く非難はできないことに照らすと、被告人の刑事責任に見合う刑罰として実刑が相応しいとはいえない。」として、執行猶予の付いた判決が言い渡されたのでした。

〈介護疲れ殺人の裁判例②──平成13年10月24日名古屋地裁判決（判例タイムズ1107号301頁）〉

　甲野太郎は、父Ａ（大正13年10月８日生）及び母Ｂ（昭和17年３月１日生）の

長男として出生し、両親、妹と共に暮らしていましたが、昭和57年頃、母Ｂが脊髄を患って寝たきりの状態となりました。そのため、父Ａが仕事を辞めてその介護に専念し、太郎自身も妹と共にその介護を手伝っていました。その後、妹が昭和63年に結婚して家を出た後は、主に父Ａと太郎とがその介護に努めていました。しかし、平成６年頃、父Ａの負担が重くなってきたことから、太郎は、仕事を辞めて母Ｂの介護に力を注ぐようになりました。

　ところが、太郎自身も、昭和61年頃から足が不自由となり、足を引きずって歩くようになっていました。更に、平成７年頃には、脊髄疾患による歩行困難な体幹機能障害となった上、回復の見込みがなく将来は車椅子生活となるなどと医師から言われるようになりました。しかも、父Ａも、平成９年頃、自転車に乗っていて転倒し、そのため頭部手術を受けた後、平成11年頃、パーキンソン症候群、変形性関節症による立ち上り困難な体幹機能障害となりました。また、母Ｂは、リュウマチ、パーキンソン病などをも併発していました。太郎は、父Ａがほぼ寝たきりの状態となった後、自宅において両親の介護を一人で続けていました。

　平成11年頃から、父Ａ及び母Ｂが病身を憂い、いずれも死にたいなどと口にするようになりましたが、太郎は、両親に対し「冗談言ってはだめだ。」と言ったり、「まだ頑張って生きていこうや。」と言ったり、「僕の足も動くので、面倒みれるで、もう少し生きよう。」などと言ったりして励まし、諌めるなどしていました。その間、太郎の足の具合は更に悪化し、平成12年12月頃には、右足が殆ど動かなくなり、壁の伝い歩きも時間を要するなどかなり歩行困難な状態になってしまいました。

　それでも、平成13年に入ってからは、両親が入所施設あるいは病院に一時期入院したり、また、訪問や通所の公的な介護を受けたりもしていましたが、それ以外の両親の食事、洗濯、排泄の世話など日常生活を営むのに必要な殆どの介護については太郎が自らの病をおして献身的に行っていました。

　太郎は、平成13年７月18日、両親の世話を終え、午後10時頃、就寝しましたが、同日午後11時頃、両親のいる和室６畳間のベルが鳴り、同室に行った際に、父Ａが睡眠薬を手にして「これ全部飲んで死んでやる。」と言ったので、その睡眠薬を取り上げました。しかしながら、同人がなおも胸を指し示

しながら、「ここを包丁で刺してくれ、そうすれば楽になるから。殺して楽にしてくれ。」と言ってきたので、太郎は、台所から包丁を持ち出し、同人の胸などに着衣の上から包丁の刃先をあてて刺す振りをして、包丁では死ねないと言って諫めました。しかし、それでも、父Aは、「足も動かんし、死にたい。」などと言い、また、母Bも「もう苦しいから、私も死にたい。」と言って、太郎に死を哀願しました。

　これを聞くに及び、太郎は、自分の身体が不自由であり、いつまでも両親の介護を続けることもできないと思い、両親の介護に疲れていたことや、その介護ができなくなれば同人らは惨めな思いをするであろうと考え、両親の嘱託に応じて同人らを殺害して自分も自殺しようと決意しました。

　そこで、太郎は、平成13年7月18日午後11時40分頃、前記和室6畳間において、父A（当時76歳）による殺してほしいとの嘱託に応じて、殺意をもって、同人の頸部を両手で強く絞めつけ、よって、そのころ、同所において、同人を扼頸により窒息死させた上、引き続き、同時刻の直後ころ、同所において、母B（当時59歳）による殺してほしいとの嘱託に応じて、殺意をもって、同人の頸部を両手で強く絞めつけ、よって、そのころ、同所において、同人を扼頸により窒息死させ、もって、父A及び母Bの嘱託を受けて同人らを殺害しました。

　なお、太郎は、上記犯行直後、手首を包丁で切るなどして自殺しようと試みましたが、失敗に終わり、翌19日午前4時57分頃、110番通報するなどして自首しました。

〈本件についての裁判結果〉

　この事案でも、先の事案と同様に、被告人である太郎が気の毒で同情できる余地も多々ありますが、本件判決において、「両親から殺害を嘱託されたとはいえ、当時、両親の死期が迫っていたという状況や両親が激痛に苦しんでいた訳ではなく、妹や周囲の者に助力を求めたり相談することもできたのに、これをしないまま、被告人の判断で本件各犯行を敢行しており、思慮を欠いた短絡的な犯行であって、厳しく非難される。」と指摘されているように、もう少し行政的支援や周囲の親族の助力を求めるべきであったという点

は否めないのであり、判決が指摘するような短絡的な犯行であるといわざるを得ない面もあるでしょう。

　ただ、本件判決も、被告人に同情し得る情状を酌量し、懲役3年、5年間執行猶予の判決を言い渡しています。

〈介護疲れ殺人の裁判例──その他の同種事案〉

　①　平成2年9月17日高知地裁判決（判例時報1363号160頁）は、軟骨肉腫で苦しむ妻の首を絞めて殺害した嘱託殺人事件（判決結果―懲役3年、1年間執行猶予）

　②　昭和52年11月30日大阪地裁判決（判例時報879号158頁）の事案は、胃がんで激痛に苦しむ妻の胸部を刃物で突き刺して殺害した嘱託殺人事件（判決結果―懲役1年、2年間執行猶予）

　③　昭和50年10月29日神戸地裁判決（判例時報808号112頁）の事案は、脳内出血の後遺症でけいれん発作が続いた実母の首を絞めて殺害した殺人事件（判決結果―懲役3年、4年間執行猶予）

　④　昭和50年10月1日鹿児島地裁判決（判例時報808号112頁）の事案は、不眠や全身の疼痛に苦悶する妻の首を絞めて殺害した嘱託殺人事件（判決結果―懲役1年、2年間執行猶予）

〈介護疲れ殺人は犯罪としなければならないのか〉

　これまでに紹介してきた事案では、そのほとんどにおいて被害者が耐え難い苦痛に苦しんでおり、殺害行為に及んだ近親者は、いずれも被害者から殺害を強く依頼されたりした結果、被害者を不憫に思って仕方なく犯行に及んだものです。

　このような場合、その殺害行為に及んだ近親者を処罰する必要があるかという根本的な問題があります。つまり、そのような場面は、誰にでも起こり得るものであり、しかも、そのような行為は、被害者の希望に沿った死を迎えるためのものであり、耐え難い苦痛から被害者を解放するためのものである以上、一定の要件を満たした場合には、「安楽死」というものを正面から認

めて、それに該当するなら、それを犯罪としないという考え方を採れないかという問題提起です。

　そこで、以下では、そもそも安楽死とは、どのようなものと考えられているのか、それが問題となった事案では、どのようなことが検討されたのか、果たして安楽死をもって犯罪が成立しない場合として認めてよいと考えられるのかなどについて、順を追って考えて行きましょう。

〈安楽死をめぐる議論の状況〉

　安楽死をめぐる議論は、森鴎外の「高瀬舟」を始めとする文学上での問題提起や、**昭和37年12月22日名古屋高裁判決**（この判決については後で詳しく説明します。）などをきっかけとして、種々の見解や提案等も出され、以前には法制化への動きなども存したところです。

　そこで、安楽死をもって犯罪が成立しない場合として法的に認めてよいかどうかを考えるに当たっては、そもそも、我が国において、安楽死について、文化的、社会的、倫理的観点から、これを認めようとする国民的合意や、たとえ合意とまではいかなくてもその素地はあるのかどうかなどを見ておく必要があるでしょう。そこで、この点についてのこれまでの議論の対立やその問題点について概観しておくこととします。

〈文学にみる古典的な肯定論〉

　まずは、先に述べましたように、森鴎外の「高瀬舟」が挙げられます。ここでは、病気になった実弟が剃刀で喉を切ったものの、死にきれずにいたところ、主人公の喜助が喉に刺さった剃刀を引き抜いて死なせたという安楽死の場面が描かれています。

　この点について、森鴎外は、「高瀬舟縁起」において、「ここに病人があって死に瀕して苦しんでいる。それを救う手段は全くない。傍からその苦しむのを見ている人はどう思うであろうか。たとい教えのある人でも、どうせ死ななくてはならないものなら、あの苦しみを長くさせておかずに、早く死なせてやりたいという情は必ず起こる。(中略) 従来の道徳は苦しませておけと命

じている。しかし医学社会には、これを非とする論がある。すなわち死に瀕して苦しむものがあったら、楽に死なせて、その苦を救ってやるがいいというのである。これをユウタナジイという。楽に死なせるという意味である。高瀬舟の罪人は、ちょうどそれと同じ場合にいたように思われる。」と述べています。

　ここでは、死に瀕して苦しんでいる者に助かる方法がないのであれば、いたずらに苦しませて放置しておくのではなく、その苦しみを取り除くために楽に死なせてやるべきではないかとの見解から、実兄の喜助による剃刀の抜去行為が肯定的に描かれています。これが医師であり文学者である森鷗外により述べられていることで、多くの一般国民が形成した安楽死のイメージの基になるものであると思われます。

〈人間的同情心に基づく肯定論〉

　安楽死は、死の苦しみにある者を楽にしてあげたいという人間的同情から出た行為であるから、人道にかなっているとする見解です。先の森鷗外の「高瀬舟」も、この見解に拠っているといえるでしょう。

　この点について、安楽死に関する問題の核心は、「終末期の苦しみ等への対応である。」、現在の医療では緩和ケアが進んでいるとはいうものの、「神経因性疼痛については、40〜60％の患者に対して部分的疼痛緩和がもたらされるだけであるとの報告もある。」、「終末期の苦痛とは種類が異なるものの、ハンチントン病等の病状進行時の苦しさも尋常ではないといわれている。（中略）調査によれば、およそ4人に1人が自殺を試み、5.7〜10％の人が自殺で死亡している。」（飯田亘之「哲学的観点から見た安楽死」シリーズ生命倫理学編集委員会編『安楽死・尊厳死』〔シリーズ生命倫理学(5)〕〈2012年、丸善出版〉27頁）と言われているように、終末期などの苦痛の中には、現代の医療においても取り除くことが不可能なものもあり、この耐え難い苦痛からの解放という理念は決して否定できない説得力を持つものです。

〈自己決定権に基づく肯定論〉

　近代自由社会においては、自分のことは自分で決めることができるとする

自己決定権が認められるべきであり、その自己決定権のなかには、「死ぬ権利」も含まれると理解してよいのではないかという考え方があります。この考え方を肯定した場合、生命の短縮や断絶による死苦からの解放も患者の選択し得る医療行為の一つだと理解することができます。そうした場合、安楽死は、自己決定権の一表現として認められることになるとするのです。

〈「人を殺すことは本来的に悪である」という考え方に基づく否定論〉

　あえて説明する必要もないくらいシンプルな反対論です。「一人の命は地球より重い」というフレーズに代表されるような人命至上主義に基づくものです。このような考え方があるのは当然に理解できますが、この見解への反論を許さないスタンスが議論の余地をなくしてしまっていると思われます。

〈滑り坂論法（SlipperySlopeTheory）に基づく否定論〉

　安楽死を一度認めて、歯止めを外すと際限なく拡大するおそれがあることから、最初から否定するという見解です。このような論法に基づく反対論は、この分野に限らず、憲法問題などが論じられるときは必ず同様の論法による反対論が登場しますので、法律の世界では、むしろおなじみの理論ともいえるものです。

　この理論の妥当性については、実際に安楽死を認めるようになった国々において、そこで際限なく安楽死が拡大しているかを検証すれば判断できると思われます。そこで、最初に安楽死を法律上容認したオランダでは、その統計的データを見ても、「全体では“滑り坂”現象は認められなかった。」（谷田憲俊「安楽死・尊厳死をめぐる生命倫理の問題状況」シリーズ生命倫理学編集委員会編・前掲9頁）とされています。

〈自己決定権には「死ぬ権利」は含まれないとの考え方に基づく否定論〉

　近代自由社会には、自己決定権を超える法原則として「生命の尊重」という原則があり、この制約には自己決定権といえども服するのであって、「死ぬ権利」は、自己決定権の範疇に含まれないとする主張です。

　しかしながら、「生命の尊重」と自己決定権はまったく別の概念であって、

どちらかがどちらかの上に立つというものではないと思われます。もし、「生命の尊重」という概念がすべての上に立つものであれば、死刑は、国家による治安政策上の自己決定権に基づくものですから、これをも否定しなければならないことになります（もっとも、死刑反対論者であれば、それこそ当然であるということになるかと思いますが。）。

　ただ、自己決定権に基づくものとして肯定する論者も、「死ぬ権利」というものを自己決定権の内容として直接的に認めているわけではなく、「死に至る経緯についての先の選択権を認めたにすぎないもの」（日髙義博「東海大安楽死事件判決について」警察公論50巻11号〈1995年〉50頁）と考えているので、そもそもの反論自体が成立していないともいえます。

〈人間的同情論は弱者への抑圧につながるとの反論に基づく否定論〉

　どれほど同情や哀れみを起こさせるような状態だったとしても、それは、「傍から見ていて気の毒だ。」という傍からの同情論でしかなく、このような「傍からの同情」は、常に社会的弱者の抹殺につながる危険があり、安易な同情は社会的弱者を切り捨てる結果になるとの主張があります（葛生栄二郎＝河見誠『いのちの法と倫理［第３版］』〈2004年、法律文化社〉207頁）。

　しかしながら、これはどうみても論理の飛躍ではないかと思います。同情が弱者の抹殺につながるというのは、先の滑り坂論法以上に先々このようなことが起きるかもしれないという不確定な事象を前提に否定するだけのものであろうと思います。

〈議論の現状〉

　ただ、今日においても、この問題についての議論の対立は終わりを見せてはおらず、未だ合意の得られるような結論が見通せない状況にあるといわなければなりません。

　例えば、令和元年６月２日に放送されたNHKスペシャル「彼女は安楽死を選んだ」は、多系統萎縮症に罹患した女性が自らスイス連邦に赴いて安楽死を遂げるという内容でしたが、一部の団体からは、同番組のスタンスが、弱者の否定であり、自殺を賛美するものであって不適切であるなどとして、

放送倫理・番組向上機構（BPO）に審査の申立てがなされ、議論が激しく対立している状況が見られるところです（なお、同じ内容で出版されたものとして、宮下洋一「安楽死を遂げた日本人」があります。）。

〈安楽死に対する法律家の一般的な考え方〉

　そもそも安楽死という概念は認められるにしても、その際の行為自体は、相手方から懇願されて実行したのであれば、嘱託殺人罪の構成要件を満たしますし、相手方から特に頼まれてはいないけれども、苦痛に喘いでいる姿を見て不憫に思って実行したのであれば、殺人罪の構成要件を満たします。

　その上で、それらの条文上の構成要件を満たしても、安楽死であるから犯罪にならないとするのであれば、その旨の法律の規定が必要になります。例えば、皆さんもご存知のように**正当防衛**という犯罪の成立を否定するための概念があります。具体的には、刑法36条1項において、

　　第三十六条　急迫不正の侵害に対して、自己又は他人の権利を防衛するため、やむを得ずにした行為は、罰しない。

とする規定があります。これは、例えば、深夜に一人で歩いて帰宅しようとしていた際、突然、暴漢の襲われたことから、必死になって反撃したら相手が死んでしまったというようなケースにおいて、自分の行為は、刑法199条の殺人罪などの構成要件に該当するものの、この刑法36条1項の規定により、正当防衛として認められ、「罰しない」とされて犯罪が不成立となります。

　このように構成要件を満たしても一定の要件の下で犯罪の成立を否定する事柄を、法律学では、**違法性阻却事由**と呼びますが、この正当防衛のような規定が安楽死に関して同じように設けられていれば問題はありません。安楽死と認められるための条文上の要件を満たせば、それは「罰しない」とされることから、苦痛に喘いでいる親族を適法に安楽死させてあげることができるようになります。

　もっとも、刑法の条文上には、安楽死を取り上げて、その場合には「罰しない」とするような規定はありません。そうなると、嘱託殺人罪や殺人罪の構成要件に該当する以上、犯罪は成立することになり、必ず処罰されるべき

という結論になります。

　しかしながら、多くの法律家は、死期が迫っていて、その苦痛が見るに堪えないような場合であれば、これを死なせてやっても、安楽死と認めて犯罪としなくてよい場合があるのではないかと考えています。この場合、刑法の条文上に規定はないものの、安楽死を違法性阻却事由の一つとして認めるという考え方を採るのです。

　そうなると、刑法上の条文に規定がないのに、安楽死を違法性阻却事由として認めて犯罪不成立とするような場合を勝手に作ってよいのかという疑問が生じるかもしれません。しかしながら、実際のところ、条文に規定されていない違法性阻却事由として、法律家の間で既に認められているものが存在します。それは、**被害者の承諾**というもので、被害者が「いいですよ。」と言っているのであれば、被害者に対する一定の行為が刑法上規定された犯罪の構成要件を満たしていても、その「被害者の承諾」を違法性阻却事由と認めて、犯罪が成立しないとする場合を認めているのです。もちろん、そのようなことを規定した条文はありませんが、刑法の解釈として、異論なく認められています。

　つまり、被害者の承諾は、被害者が自ら処分することができる保護法益である限り、その場合には違法性阻却事由として働くと考えるのです。具体的には、**器物損壊罪**（刑法261条）に該当するような、被害者が所有する「物」を壊すとか、耳にピアス用の穴を開けるなどの軽微な**傷害罪**（204条）に該当する行為などが対象として考えられていますが、そのような場合においては、それらの行為が刑法上の構成要素に該当しても、「被害者の承諾」を違法性阻却事由として認めることにより、犯罪不成立としているのです。

　もっとも、「被害者の承諾」といっても、それは軽微なものに限られており、私の生命を奪って殺すことを「承諾」したとしても、この「被害者の承諾」には含まれません。そのような場合は、これまで説明しています承諾殺人罪に当たることになります。

　そこで、安楽死も一定の要件を満たせば、この「被害者の承諾」の場合と同様に、刑法上に規定されていない違法性阻却事由として認めてよいのではないかということが議論の対象とされてきたのです。もちろん、そもそも安

楽死を違法性阻却事由として認めるべきではないという反対論もあります
が、多くの法律家は、一般の国民が納得するような要件を満たす場合の安楽
死であれば、違法性阻却事由として認めてよいのではないかという考え方だ
と思います。

　そうなると、どのような場合の安楽死を違法性阻却事由となり得るものと
して認めるのかということが問題となり、その要件の設定等が議論されてき
たのでした。

〈昭和37年12月22日名古屋高裁判決（判例タイムズ144号175頁）〉

　安楽死の問題を初めて裁判上で取り扱ったのが、この名古屋高裁判決で
す。安楽死の問題に関しては非常に著明な判決で、安楽死についての議論の
際には必ず登場する判決なので、その事案の概要や判決の内容なども詳しく
紹介しておきます。

　本件の事案は、実子が実親を殺害したことによる**尊属殺人事件**です。現在
は刑法上から削除されてなくなっていますが、当時は、まだ親殺しを通常の
殺人よりも重く処罰する**尊属殺人罪**という罪が存していたので（親は**尊属**と
いい、子は**卑属**といいます。）、その罪に違反したとされるケースです。ちなみ
に、尊属殺人罪の刑は、死刑と無期懲役しかなく、この罪が認定されれば最
低でも無期懲役となり、仮に酌量減軽がなされて無期懲役の刑を軽くしても
らえたとしても、相当長期間の実刑は免れません。そんな法律上の背景の下
で起きた事件だったのです。

　被告人である甲野太郎は、父Ａ、母Ｂの間の長男として生れ、高校卒業後
は、両親を助け、家業たる農業に精励し、地域の青年団長などを務めたこと
もある真面目な青年でした。

　ところが、父Ａは、昭和31年10月頃、脳溢血で倒れた後は、ずっと病床に
あって、昭和34年10月頃、これが再発してからは全身不随となり、食事はも
とより排泄の世話まですべて家人を煩わすことになりました。その後、昭和
36年7月初め頃からは、食欲も減退し、衰弱も甚だしく、上下肢は曲ったま
まで、これを少しでも動かすと激痛を訴えるようになりました。加えて、し
ばしばしゃっくりの発作に悩まされ、2、3時間もこれが止まらないことも

あり、息も絶えそうになりながら、その発作に悶え苦しんでいました。

　父Aは、上記のような容態の悪化と身体を動かす度に激痛を訴えるようになったことから、「早く死にたい」「殺してくれ」と大声で口走るようになっていました。

　太郎は、上記のような父Aの病状をみるにつけ、子として堪えられない気持に駆られ、遂に、父Aを病苦より免れさせることこそ、父親に対する最後の孝行であると考え、同人を殺害しようと決意するに至りました。

　そこで、太郎は、昭和36年8月27日午前5時頃、毎朝配達されていた牛乳に、有機燐殺虫剤を混入し、同日午前7時30分頃、事情を知らない母Bをして父Aに上記牛乳を飲ませ、父Aを有機燐中毒により死亡させたのです。

〈本件判決の判示内容〉

　この事件において、被告人の太郎に対し、第一審判決は、尊属殺人罪で有罪としておりました。そのため、太郎は刑務所での長期間の服役をしなければならないところでした。ところが、本件の名古屋高裁は、それでは親孝行であり、好青年であった太郎があまりに可哀そうだと考えたのだろうと思いますが、なんとか彼を執行猶予にしてやろうと考えたのだと推測されます。

　ところが、尊属殺人罪を認定する限りは、無期懲役の酌量減軽をしても、刑法68条3号において、

　　　三　無期の懲役又は禁錮を減軽するときは、七年以上の有期の懲役又は禁錮とする。

とされている規定に基づき、最低でも懲役7年の刑を科さざるを得ないことになっていました。

　それゆえ、名古屋高裁は、第一審の裁判ではまったく主張されていなかった安楽死の問題を取り上げたのです。本件名古屋高裁判決は、この事件を、父親が耐え難い苦痛に苦しんで、子の太郎に対し、自らを死なせて欲しいと頼んだという事実を捉えて嘱託殺人罪と認定した上で、更に、安楽死が問題

となる事件という構図にしました。その上で、安楽
死が認められるための要件として、次の6つの要件
を掲げたのです。

　すなわち、安楽死を認めるための要件として、

① 　病者が現代医学の知識と技術からみて不治の
　病に冒され、しかもその死が目前に迫っている
　こと

② 　病者の苦痛が甚しく、何人も真にこれを見るに忍びない程度のものな
　ること

③ 　もっぱら病者の死苦の緩和の目的でなされたこと

④ 　病者の意識がなお明瞭であって意思を表明できる場合には、本人の真
　摯な嘱託又は承諾のあること

⑤ 　医師の手によることを本則とし、これにより得ない場合には医師によ
　りえない首肯するに足る特別な事情があること

⑥ 　その方法が倫理的にも妥当なものとして認容しうるものなること

という6つの要件を掲げた上、太郎の殺害行為がその要件を満たすかどうか
について検討したのでした。

　そして、本件判決は、上記の要件のうち、「医師の手によることを得なかっ
たなんら首肯するに足る特別の事情を認められないことと、その手段として
採られたのが病人に飲ませる牛乳に有機燐殺虫剤を混入するというような、
倫理的に認容しがたい方法なることの2点において、右の⑤、⑥の要件を欠
如し、被告人の本件所為が安楽死として違法性を阻却するに足るものでない
ことは多言を要しない。」と判示して、安楽死による違法性阻却を認めなかっ
たのでした。

　このように、本件判決では、前記6要件のうちの⑤及び⑥の要件を満たさ
ないとして安楽死の成立を認めなかったものの、父Aが死なせてほしいと懇
願した事実を認定し、尊属殺人罪ではなく、嘱託殺人罪の成立を認めたこと
で、その刑がぐっと軽くなり、それゆえ、太郎に対し、執行猶予の付いた懲
役刑を言い渡したのでした。

〈本件判決の問題点〉

　私もこの結論でよかったとは思いますが、ただ、この判決での安楽死の要件設定は、判決を書く上ではまったく不要なことであったのです。というのは、少なくとも、この判決は、太郎の行為が、⑤と⑥の要件を満たさないということは元々分かっているのですから、それなら、最初から安楽死などという問題設定をすることなく、端的に、太郎が父Aから死なせてほしいと懇願されたことから、有期隣殺虫剤を飲ませて殺害したという嘱託殺人罪が成立するというだけでも判決として十分に成り立つからです。

　にもかかわらず、わざわざ安楽死の問題としたのは、元々尊属殺人罪という重罪に問われていた被告人の太郎を執行猶予にするためには、これは安楽死の問題であると大上段に構える必要があったからだと思います。その上で、安楽死が違法性阻却事由として認められるための要件設定もするなどして、安楽死として議論、検討した結果、安楽死としての違法性阻却事由は認められないが、父Aからの死の嘱託は認められたから、嘱託殺人罪が成立するとして、しかも、その程度の罪であるなら執行猶予にしてもよいだろうという形を作りたかったというのが本音だと思います。

　まあ、そのような本音のところはともかくとしても、ここで設定された安楽死を違法性阻却事由として認めるための要件は、ある程度は合理的なものであり、妥当性もあったことから、その後、安楽死を違法性阻却事由として認めるための要件を議論されるときの基準となってきたのでした。

　ただ、それらの要件のうちには問題となるものもないではありません。そこで掲げられた⑤の「医師の手によることを本則とし、これにより得ない場合には医師によりえない首肯するに足る特別な事情があること」という要件の妥当性について検討します。

〈安楽死を実行する者は医師でなくてもよいのか〉

　この名古屋高裁判決では、⑤の要件として、医師の手によることを原則としながらも、医師以外の者でも安楽死を行い得る場合があるとして一般人による安楽死の実施を容認しています。

　ここで考えなければならないのは、安楽死の成否を考えるに当たって、そ

もそも医師に頼らずに、自らが傷病者を安楽死させるという行為が、現代の社会状況下で必要であるのか、また、それが是認されるべきであるのかという問題です。

　たしかに「高瀬舟」の喜助の時代には、おそらく医師に頼ることもできず、喜助の判断に委ねざるを得ないという面があったことは否定できないと思われます。しかしながら、現代社会において、医師による救助を求めることなく、素人判断で、これは死期が迫っており、しかも、本人が苦しんでいるから、さっさと死なせてやるべきであると判断しなければならない状況があり得るのでしょうか。

　この点については、例えば、山の中で遭難したような場合で、医師に助けを求めることができず、同伴者が多発性骨折や臓器の損傷、更には、多量の出血などで、死が目前に迫っており、その苦悶の状況が見るに堪えないという場合でも、安楽死をさせてはいけないのかという主張があり得ると思われます。

　しかしながら、たとえそのような状況であっても、本当に死期が迫っているのかどうか、救助を待つ時間が耐えられないかどうか、真に回復可能性があるのかないのかなどは、やはり素人には正確には判断できない事項であると言わざるを得ないと思われます。

　さらに、もし、そのような場合において、同伴者の耐え難い苦痛を見るのが忍びないとして素人判断で安楽死をさせても犯罪とならないとするなら、その直後に医師を含めた救援隊が到着し、当該医師の処置を待てば生存し得たなどという場合は、どのように扱ったらよいのでしょうか（この点について、理論的には、この場合の素人判断について、本来、安楽死の要件がないのに、それが存したと誤信したという、違法性阻却事由の錯誤を認め、故意がないとして、犯罪不成立とすることになると思われます。ただ、これは法律的に相当に難しい理論ですので、この点についての理解は不要でよいと思われます。）。

　このように、この名古屋高裁判決で①の要件として挙げられていた「死期が迫っている」という要件は、本来的に医師でなければ判断できない事項であると思われるのです。

　たとえ、いくら死期が切迫していることが誰の目にも明らかな状況はあり

得るといっても、現代の医学であれば、死亡という結果を回避できる可能性がある場合もないとはいえないでしょう。したがって、あくまで人の生死の境にある者についての回復可能性の有無などについては、素人では判断できない以上、結局のところ、「死期が迫っている」という要件において、医師以外の者が判断できる余地はないことから、医師以外の者が安楽死を行う者となることはあり得ないと考えるべきだと思います。

このように考えてくれば、我々の中に安楽死としてイメージされているような、医師によらずして、素人が傷病者を死なせなければならないような場面は、実は、現代社会ではまず存在しないといってよいと思われるところです。

そこで、安楽死は医師による場合しかあり得ないという前提で、次に、医師が安楽死を実行した事案で、同様に安楽死の要件を示したいわゆる**東海大学病院事件の平成 7 年 3 月28日横浜地裁判決**を見てみましょう。

〈東海大学病院事件（平成 7 年 3 月28日横浜地裁判決・判例時報1530号28頁）〉

この判決の事案で問題とされたのは、当時、東海大学医学部付属病院に勤務していた医師Aが、多発性骨髄腫で入院していた患者B（当時58歳）に対し、塩化カリウム製剤を注射して死亡させたことが安楽死として許容されるか、つまり、その殺害行為の違法性が安楽死を理由として阻却されるか、言い方を変えれば、この医師の行為を安楽死とし、それを違法性阻却事由として犯罪不成立とすることができるかどうかいう点でした。

この患者Bは、既に末期状態にあって、意識がなく、また、死が迫っていたのであり、そのため、呼吸をするのも苦しそうな状況でした。そして、平成 3 年 4 月13日午後 8 時35分頃、東海大学医学部付属病院内の患者Bの病室において、医師Aは、その様子を見ていた長男Cや妻Dから、患者Bを苦痛から解放してやってほしい、すぐに息を引き取らせてやってほしいと強く要請されました。そのため、医師Aは、逡巡したものの、最終的に患者Bに息を引き取らせることもやむを得ないと決意しました。

　そこで、医師Aは、徐脈、一過性心停止等の副作用のある不整脈治療剤である塩酸ベラパミル製剤（商品名「ワソラン注射液」）の通常の2倍の使用量に当たる2アンプル4ミリリットルを患者Bの左腕に静脈注射をしました。しかし、患者Bの脈拍等に変化が見られなかったことから、続いて心臓伝導障害の副作用があり、希釈しないで使用すれば心停止を引き起こす作用のある塩化カリウム製剤（商品名「KCL」注射液）の1アンプル20ミリリットルを、希釈することなく患者Bに静脈注射しました。

　その後、医師Aは、心電図モニターで心停止するのを確認し、心音や脈拍、瞳孔等を調べて、長男に「ご臨終です。」と告げ、患者Bを急性高カリウム血症に基づく心停止により死亡させたのです。

〈本件横浜地裁判決の判示内容〉

　この事案において、本件横浜地裁判決は、医師Aの行為が安楽死に該当するかどうか問題とし、ただ、安楽死として違法性が阻却されるためには、次の4つの要件が必要であるとしました。すなわち、

①　患者が耐えがたい肉体的苦痛に苦しんでいること

②　患者は死が避けられず、その死期が迫っていること

③　患者の肉体的苦痛を除去・緩和するために方法を尽くし他に代替手段がないこと

④　生命の短縮を承諾する患者の明示の意思表示があること

の4つの要件が満たされれば安楽死として違法性が阻却されると判示したのでした。

　この横浜地裁判決と上記名古屋高裁判決と比較してみるに、①と②の要件は同じです。ただ、名古屋高裁が掲げた要件である、医師の手によることを原則としつつ、その方法が倫理的にも妥当なものであることという要件については、本件横浜地裁判決では掲げられておりません。

　では、横浜地裁判決は、医師の手によらなくてもよいと判断しているのかというとそうではありません。この判決では、患者が死に直面している末期医療において医師の手により行われる限りでは当然のことであるし、また、

その方法が倫理的にも妥当であることなども当然のことであって、特に要件とするまでの必要はないとして、敢えて要件として掲げることはしていないだけのことと考えられます。

　したがって、本件横浜地裁判決において、これらの要件が挙げられていないからといって、医師以外の者がしてよいとか、倫理的に不相当な方法で死亡させてよいなどという判断を示しているわけではありません。

　ただ、その一方で、新たに、③苦痛を除去・緩和するための代替手段がないことという要件を加えているほか、名古屋高裁判決が病者の意識が明瞭で意思を表明できる場合についてのみ本人の真摯な嘱託または承諾を必要とするとしていたのに対し、本件横浜地裁判決では、④患者本人の明示の意思表示を例外なしに要求している点において、名古屋高裁判決と異なっています。

　その上で、本件横浜地裁判決は、殺人罪として、本件起訴の対象となっているワソラン及びＫＣＬを注射して患者を死に致した行為については、安楽死として許容されるための重要な要件である①の肉体的苦痛及び④の患者の意思表示が欠けているので、それ自体安楽死として許容されるものではないとして、違法性が肯定され、犯罪が成立するとしました。

　つまり、この判決の事案では、患者Ｂは、既に意識がなくなっていますから、傍からみると苦しんでいるように見えたとしても、真実、耐え難い肉体的苦痛に苦しんでいるかどうかは分からないことになりますし、また、明示的に死を求める意思表示はなされていないことから、その点においても、安楽死として認めることはできないとされたものです。

　ただ、この判決についても、先の名古屋高裁の判決で述べたことと同様の問題を指摘することができます。つまり、この判決でも安楽死の要件を掲げてはいるものの、元々そのうち①と④の要件がないことは分かっていたのですから、あえて安楽死の要件を設定しなくても、耐え難い苦痛に苦しんでいるとは認められない患者Ｂについて、死を望む意思表示もなされていない状況に鑑みれば、そもそも安楽死として違法性を阻却するか否かを検討するまでもなく、殺人罪が認められるとすれば足りたところです。

〈上記2件の判決で示された安楽死の要件は実際に使われたのか〉

　前記名古屋高裁判決や横浜地裁判決がそれぞれ示した安楽死の要件のように、本来、判決の結論に至るまでに論理的に必要ではない部分の記載を**傍論**と呼びます。一般的には、どんな判決でも、そこで示された判断については、先例として一定の価値が認められていますが、この傍論の部分には、先例としての価値は低いと考えられています。というのは、前述しましたように、そもそも書かなくてもよい部分だからです。

　ただ、上記2件の判決の結論とは逆に、安楽死を認め犯罪不成立として無罪とするという判決が言い渡された場合であれば、どうでしょうか。そこで設定された要件については、その要件をいずれも満たしたことが安楽死を認めるための違法性阻却事由となって、その結果、犯罪不成立という結論を導き出すために不可欠の内容になりますから、この場合には、判決で設定された要件は、**判決理由の核心部分**となり、先例としての価値を有することになります。というのは、実際に、その要件を満たしたことで、安楽死を敢行した者が無罪になったという事例を示すことになるからです。そのような判決が出されれば、その後も同様の要件を満たした場合には、同様に無罪になる可能性が認められるからです。

　これに対して、傍論でしかない要件であれば、そこで示された要件は判決の結果に直接に繋がっていなかったのですから、実際のところ、どのような行為に及んだ場合であれば、それらの要件を満たすことになるのかまったく未知数となることから、先例としての価値は乏しいということになるのです。

　名古屋高裁判決や横浜地裁判決が示した安楽死の要件は、いずれも、そのような程度の価値しかない傍論でしかなかったため、その後、それらの要件に従って安楽死を実行しようとする医師らはいなかったと思います。少なくとも、刑事事件として表れてくるような形で、それらの要件を踏まえた上での安楽死を実行したという事例はありませんでした。

　そのため、安楽死を違法性阻却事由として認めるという考え方と採ったとしても、その要件をどうするのかについては、上記の2つの判決が参考になるにしても決め手にはならないのですし、一般的な医師、法律家及び国民一般という関わりをもつ者らが合意するような確定的な基準となるものは今の

ところ存在しないのです。

　したがって、現在においても、安楽死を実施することは、事実上、不可能になっています。

〈本件事例の結論──花子にはどのような犯罪が成立するのか〉

　本件における花子の行為は、これまで説明したように、嘱託殺人罪の構成要件を満たします。ただ、この場合、安楽死として違法性が阻却されれば犯罪不成立となりますが、この点についても、医師でない花子が実行していることから、そもそも安楽死の要件を備えることはありませんし、また、幸子の死期が迫っていたという状況もありません。加えていえば、耐え難い苦痛に苦しんでいるとまでもいえないでしょう。そうなると、安楽死として違法性阻却事由が存するとはおよそいえない状況であることがわかります。

　たしかに花子にしてみれば、心から愛していた母親を殺さなければならなかったことは本当に不憫であり、本人としては心底苦しかったことであったと思いますが、このような状況でも、両親を殺害した事案に対する、先の平成13年の名古屋地裁判決で指摘されたように、もう少し周囲の援助を得るための努力や手当をすべきではなかったかということが問われると思います。

〈予想される花子に対する刑事処分〉

　花子に対する刑事手続としては、多分、直ぐに花子が警察に通報するでしょうから、このような場合は、自首として扱われ、刑法42条1項における

　　第四十二条　罪を犯した者が捜査機関に発覚する前に自首したときは、その刑を減軽することができる。

との規定に基づき、刑が軽くされる余地があります。

　その後、現場に駆け付けた警察官によって花子は現行犯逮捕されると思われます。

　また、その際には、幸子の死体について、**検視**という警察官による見分が

なされます。その上で、幸子の死因を確定するために**司法解剖**がなされ、**交頸による窒息死**（頸部に紐状のものを巻いて絞めて窒息死させたということです。）という鑑定結果が出されることと思います。

　そして、花子については、嘱託殺人罪で起訴されるでしょう。いくら花子が不憫に思われても、この事件で起訴猶予になることはありません。そして、その裁判結果ですが、これまでの事例から考えると執行猶予になる可能性は高いと思います。ただ、幸子の病状の重さや、本当に死を望んでいるほど苦痛が激しかったのか、そのやり取りは幸子の真意といえるのか、単に、やけになって言い放ったことをそのまま受け取ってしまったという不用意さはなかったかなど、さまざまな角度から花子の情状が判断されることになるので、その結論は、一概にはいえないことになると思います。

第7章　殺人罪（尊厳死）
── 人工呼吸器を取り外したら犯罪になるの？──

事例⑺

　甲野花子は、シングルマザーとして3人の息子を育て上げ、3人とも独立した後は、実父の甲野太郎の世話をして2人で暮らしていた。ところが、ある日、太郎は、交通事故に遭い、重傷を負ってしまった。救急病院に搬送されたが、太郎の意識はなく、一時は、その生命も危ぶまれた。病院に駆け付けた花子は、救急担当の医師Bに対し、「なんとかお父さんを助けてください。お願いします。」と言ったところ、医師Bは、「なんとかやってみます。」と言い、全力で治療に当たった。そして、医師Bが尽力したおかげもあって、太郎は一命を取り留めたものの、その意識は回復せず、呼吸をする力も弱いものだった。そこで、医師Bは、花子に対し、「人工呼吸器を着けないと生命が維持できないおそれがあります。これを着けますか。」と聞いたので、花子は、「是非お願いします。」と言った。そのため、医師Bは、太郎に人工呼吸器を着けたところ、太郎の呼吸は落ち着いて安静に眠っているようであった。

　その後、花子は毎日のように太郎を見舞ったが、太郎の意識は回復せ

ず、その状態が何週間も続き、ついには、入院から
1年を超えるに至った。太郎は、弱ってはいるもの
の、たしかに生きていることに間違いはなかった。

　花子は、ここまで見舞っても回復しないのであれ
ば、もはや太郎が元に戻ることはないだろうと諦めに近い気持ちにな
り、医師Bに対し、「父の意識が戻ることはあるのでしょうか。」と聞い
たところ、医師Bは、「なんとも分からないとしか答えようがありませ
ん。」と残念そうに返答した。それで、花子は、もはや諦めるしかないと
思うに至り、「先生、父の人工呼吸器を取り外してくれませんか。父もも
う十分に頑張ったと思うので。」と言った。

　すると、医師Bは、「残念ながら、人工呼吸器を外すことはできませ
ん。もし、私がそれを外したら、私が殺人罪に問われて捕まってしまう
からです。」と言った。それを聞いて花子はびっくりし、「家族の私が頼
んでいるのにダメなんですか。」と尋ねましたが、医師Bは首を縦には振
らなかった。

　この場合、もし、医師Bが人工呼吸器を取り外していたら、医師Bは、
何らかの罪に問われることになるのでしょうか。更に、それを頼んだ花
子も同様に何らかの罪に問われることはあるのでしょうか。

〈この問題に対する考え方——人工呼吸器の取外しがなぜ問題となるのか〉

　先の横浜地裁判決の事案は、致死性のある薬剤を患者に注射したことによ
るものであって、その行為が積極的に死をもたらしたものであることから、
積極的安楽死という言い方もされるものです。では、死期が迫っており、意
識も喪失した患者に付けられた人工呼吸器を取り外す行為については、安楽
死として問題になるのでしょうか。医療関係者の中には、この人工呼吸器を
取り外す行為は、積極的安楽死に該当すると主張する人もいます。

　そもそも、人工呼吸器を着ける行為が医療行為である以上、それを取り外
す行為も医療行為の一環であるはずです。そうであるなら、医師の裁量と
して、その取外しをすることがなぜ問題とされなければならないのでしょうか。

　この場合、人工呼吸器を取り外せば、その患者は通常は死んでしまいます

から、その取外し行為は、殺人罪の「人を殺す」という構成要件を満たしますし、当然、医師はその行為により患者が死亡することが分かっていますから、殺人罪の故意も認められます。したがって、この場合には、殺人罪の構成要件をすべて満たしています。

　そうなると、犯罪が不成立となるためには、その違法性を阻却する違法性阻却事由があるかどうかが問題であるところ、この場合、安楽死としての要件を満たして、それが違法性阻却事由として認められて初めて犯罪不成立となります。しかしながら、先に述べましたように、どのような要件があれば安楽死が違法性阻却事由として認められるのかついて確定した基準があるわけではありません。したがって、人工呼吸器を取り外した医師に対しては、いくら患者の遺族からの要請であったとしても、それが安楽死として犯罪不成立になるとは言えないのです。

　そもそも、人工呼吸器の取外しを問題にする場合、当該患者の意識がないことが通常であり、このような場合は、安楽死で問題とされる、耐え難い苦痛に苦しんでいるという状況はありません。ですから、このような場合は、これまでの裁判例の考え方に照らしても、そもそも安楽死の要件を満たすとは考えられず、むしろ、尊厳をもって死を迎えさせるという趣旨で、「尊厳死」という言い方で呼ばれ、安楽死とは別の問題として取り扱われています。

〈富山県射水市民病院事件〉

　この人工呼吸器の取外しが問題となった事案として、**富山県射水市民病院事件**があります。

　これは、7人の患者の人工呼吸器を取り外した医師の行為が、殺人罪又は嘱託殺人罪に該当するかどうかとして問題とされたものです。

　その人工呼吸器を取り外した結果、本来、もっと長く生存できたり、あるいは、回復する可能性があったにもかかわらず、それを阻止して死亡させたというのであれば、殺人罪等の問題として検討が必要になります。

　そして、この病院からの告発により、富山県警は、上記の医師を殺人等の疑いで取り調べるなどし、また、亡くなった患者

の生存可能性などについて医療関係の専門家による鑑定を嘱託するなどの捜査を実施しました。

　その捜査結果ですが、警察の鑑定嘱託による専門家の鑑定によれば、7人のうちの3人は、人工呼吸器を取り外さなくても2、3時間以内に死亡し、また、同様に7人のうちの3人は、12〜24時間後には死亡したと判断されています。残りの1人は、装着したままなら数日間は生存した可能性がありましたが、回復は不能であったと判断されていました（平成21年12月24日毎日新聞記事）。

　このような状態の患者であれば、回復は不能であるか、死期が目前に迫っているのであり、そのような状態の患者に対する人工呼吸器の取り外しは、医師の判断に委ねられるべき延命医療の範囲内の行為にすぎないとして、犯罪は成立しないと考えるべきでしょう。

　もちろん、この場合、医師が人工呼吸器を取り外した際、当該患者は、まだ生きていましたから、当該医師の行為は、殺人罪の構成要件を満たします。しかしながら、その取外しが医師としての判断による延命治療行為の一環として認められるなら、それは、刑法35条において、

　　第三十五条　法令又は正当な業務による行為は、罰しない。

と規定されている違法性阻却事由のうちの「正当な業務による行為」に該当することになりますから「罰しない」ということになり、犯罪不成立となるのです。

　実際に、この事件が検察官に送致された後、富山地検は、「人工呼吸器の装着から取外しの一連の行為は、延命措置とその中止行為にすぎない。」として医療医行為の一環であると認定した上、取外し行為と死亡との間の因果関係が不明であるとして、つまり、人工呼吸器を取り外したから亡くなったといえるかどうかすら不明であるとし、結局、当該医師を嫌疑不十分として不起訴としたのです（上記毎日新聞記事）。

　この捜査結果からみる限り、そもそも刑事事件でもなんでもないものを、あえて殺人事件であるかのように事件化したものといっても過言ではないと思われます。実際のところ、マスコミ報道では、遺族は皆この医師に感謝し

こそすれ、文句を言う人は一人もいなかったとのことでした。

〈富山県射水市民病院事件の悪影響〉

　このように本件の医師は不起訴とされたものの、その社会的反響は大きく、その後、医療界において、人工呼吸器を一旦付けたら医師は絶対に取り外さない、それが金銭的に家族の大きな負担となっても、また、無駄な医療行為を継続する結果となっても、自らが犯罪に問われるような行為には及ばないという風潮が広がっていきました。人工呼吸器の取り外しは積極的安楽死だという考え方がなされるようになったのもその一環と思われます。

　つまり、「最初からの延命措置の差控え（withholding）は不作為だから認められるが、途中からの打ち切り（withdrawing）は作為による殺人になるという理解が、医学界のみならず、法曹界にも暗黙裡に広がっている」（甲斐克則「終末期医療のルール化と法的課題」医事法学24号85頁）ことから、医師として、「いくら自分が正しいと思っていても刑事訴追を避けるため、（呼吸器の撤去という）積極的関与を逃避するのは無理からぬことであろう。」（塚本泰司「終末期医療のルール化は可能か──臨床医の立場から──」医事法学24号〈2009年〉67頁）と考えられていました。

　これは、富山県射水市民病院事件がもたらした大きな弊害でした。そのため、今度は、人工呼吸器を付けるかどうかの段階で、もし付けたら自然に死ぬまで絶対に取り外しませんよ、それでもいいですねと家族に確認することになります。そうなると、家族としては、人工呼吸器を付けてまだ生きていてもらいたいと思っても、その後、そのまま何年も生きてしまって途中で止めてもらえないなら、もう最初から諦めてその段階で死を受け入れるかどうかという決断を迫られることになります。実際に、そのような家族が困惑するような事態が広がっていき、本来、もう少し生きていてもらいたいと家族が願う患者まで、人工呼吸器を付けてもらえないというおそれも出てきたのです。

　そのため、人工呼吸器を一旦付けても、それを家族の了解などで取り外すことができないか、あるいは、医師ら医療関係者の判断で取りはずすことができないかなど

ということが問題となり、これは延命医療の中止による尊厳死の問題として
扱われることになりました。

〈人工呼吸器の装着・取外しについての法的な評価〉

　そもそも、終末期の患者に対して、人工呼吸器を装着する行為は、間違い
なく医療行為であり、そうであるなら、その装着の当否を判断することも医
療行為に含まれるはずです。また、その際には、患者やその家族の判断によっ
て、どのような医療を受けるかという選択に関する権利行使も、当然に認め
られるはずです。

　そして、その際の患者らのとの協議の結果、患者本人や家族の要請によ
り、人工呼吸器を装着しないと判断したのであれば、その判断に基づいて装
着しないという行為も、医師による許容された医療行為に含まれることにな
るはずです。たとえ、それが死期を早めるものであっても、患者らによる医
療措置の選択の範囲内の事柄です。したがって、これを消極的安楽死という
医療関係者もいますが、それは正しくありません。そもそも安楽死の問題で
もなんでもなく、ただの医療行為の一場面にすぎないから、あえてそれを
「安楽死」という用語を付加することが誤解を招いて不適切だからです。

　そうであるなら、一旦、装着した人工呼吸器を取り外す行為も、元々装着
しないという行為が許容された医療行為に含まれる以上、装着しないという
行為を後に行っただけとも評価し得るのですから、取外し行為も、同様に許
容された医療行為に含まれるとみることができるというべきでしょう。一
方、患者側から見れば、元々、装着について選択し得た以上、その後の取外
しにおいても同様に、医療措置の選択の一場面にすぎないということです。

　ここで考えなければならないのは、人工呼吸器を装着しないという行為
は、何もしないだけだから許容されるが、取外しはあえてする行為だから許
容されないという外形的な問題ではないのです。それらはいずれも延命措置
という医療行為を継続するか終了するかの医学的決断をしているのであっ
て、生命の価値に対しては等価の行為であるといえるからです。

　ただ、理論的にはこのようにいえても、実際に、人工呼吸器の取外しを依
頼された医師は、実際に自分が刑事事件の対象とされないという保証がない

限り、これを拒否したいという気持ちになることは分からないではないと思われます。

〈終末期医療ガイドラインの策定〉

　富山県射水市民病院事件などを契機として前述したような問題が生じてきたため、厚生労働省は、人工呼吸器を装着するような事態を迎える**終末期医療**に対する積極的な施策の推進に迫られることになりました。そのため、厚生労働省は、平成19年1月11日、終末期医療の決定プロセスのあり方に関する検討会を発足させ、平成19年5月21日には、**終末期医療の決定プロセスに関するガイドライン**（以下「終末期医療ガイドライン」といいます。）を策定、公表しました。

　ここで、まず、ガイドラインとは何かということから説明しておきます。そもそも、ここでいうガイドラインは、一行政機関である厚生労働省が有識者を集めて、このような方針がよいだろうという提案を表しただけの文書です。したがって、それが、法律や命令でないのはもちろんであり、それ自体としては法的な効力は何もないものです。

　しかしながら、一般的にいえばガイドラインで示された方針は、公の機関や、相当に権威のある団体が示したものであって、それに沿って行動した場合には、原則的に合法なものであり、適切なものと考えられるものです。有識者を集めて十分な検討をした上で作成されたものである以上、その内容が合理的なものであり、妥当なものであることなどは疑いを容れないのであり、そうであるなら、それに従った行動が違法なものとなるはずはないからです。

　また、本件ガイドラインは、「生命を短縮させる意図をもつ積極的安楽死は、本ガイドラインでは対象としない。」と本文中に明記していますから、ここでは、その反対解釈として、積極的安楽死と対照される消極的安楽死などをもその対象としていることがうかがえます。したがって、このガイドラインにおいて、「積極的安楽死を対象としない」といいながら人工呼吸器の取り外しの問題を取り扱っている以上、この問題は、積極的安楽死の問題ではないと見ていることが明らかです。つまり、人工呼吸器の取り外しの問題は、

いわば消極的安楽死と見るか、若しくは尊厳死と見るかはともかくとして、このガイドラインで解決しなければならない問題であると考えていることが分かると思います。

なお、この終末期医療ガイドラインは、何度か改訂されていますが、ここでの説明上、重要な事柄についての変更はないので、当初のガイドラインに基づいて説明します。

〈終末期医療ガイドラインの内容——終末期医療及びケアの在り方〉

このガイドラインでは、まず、「終末期医療及びケアの在り方」として、

① 医師等の医療従事者から適切な情報の提供と説明がなされ、それに基づいて患者が医療従事者と話し合いを行い、患者本人による決定を基本としたうえで、終末期医療を進めることが最も重要な原則である。

② 終末期医療における医療行為の開始・不開始、医療内容の変更、医療行為の中止等は、多専門職種の医療従事者から構成される医療・ケアチームによって、医学的妥当性と適切性を基に慎重に判断すべきである。

③ 医療・ケアチームにより可能な限り疼痛やその他の不快な症状を十分に緩和し、患者・家族の精神的・社会的な援助も含めた総合的な医療及びケアを行うことが必要である。(後略)

などの規定を設けました。

基本的には、患者と医師との間の適切な情報の提供と説明を基にして、患者の意思決定を重視し、家族の精神的・社会的な援助も含めた総合的な医療及びケアを行うことが必要であるとしているものです。

〈終末期医療ガイドラインの内容——終末期医療及びケアの方針の決定手続〉

患者の意思確認については、「終末期医療及びケアの方針の決定手続」の項目において、

ア 患者の意思の確認ができる場合には、

④ 専門的な医学的検討を踏まえたうえでインフォームド・コンセントに基

　　　づく患者の意思決定を基本とし、多専門職種の医療従事者から構成される
　　　医療・ケアチームとして行う。
　⑤　治療方針の決定に際し、患者と医療従事者とが十分な話し合いを行い、
　　　患者が意思決定を行い、その合意内容を文書にまとめておくものとする。
　　　上記の場合は、時間の経過、病状の変化、医学的評価の変更に応じて、ま
　　　た患者の意思が変化するものであることに留意して、その都度説明し患者
　　　の意思の再確認を行うことが必要である。（後略）

としています。

　つまり、患者の意思決定を基本とし、その治療方針の決定についても十分
な話し合いをするなどして、その意思を十分に尊重した上で、治療方針の決
定を行うこととするとしているのです。

　イ　患者の意思の確認ができない場合には、
　⑥　家族が患者の意思を推定できる場合には、その推定意思を尊重し、患者
　　　にとっての最善の治療方針をとることを基本とする。
　⑦　家族が患者の意思を推定できない場合には、患者にとって何が最善であ
　　　るかについて家族と十分に話し合い、患者にとっての最善の治療方針をと
　　　ることを基本とする。
　⑧　家族がいない場合及び家族が判断を医療・ケアチームに委ねる場合には、
　　　患者にとっての最善の治療方針をとることを基本とする。

とすることにより、まずは、家族による患者の意思の推定、それが分からな
ければ、家族との話し合いによる最善策の決定、さらに、それでも決定でき
ない場合には、医療・ケアチームだけの判断によって、「最善の治療方針」と
して、後に述べるように、延命治療行為を中止することもできるとしたので
した。

〈終末期医療ガイドラインのポイント——医療・ケアチームの判断で人工呼吸器の取り外しが可能になったこと〉

　ここで問題としている人工呼吸器の取り外しによる延命治療の中止による
尊厳死の問題に関連して、まず、注目すべきは、上記の②です。
　ここで述べられていることは、主に、延命治療行為の不開始又は中止等を

医療・ケアチームの判断に係らしめるとしたものです。

　これは、要するに、患者が死期に瀕していて、患者が延命治療の中止による尊厳死を希望している場合であれば、②「終末期医療における医療行為の開始・不開始、医療内容の変更、医療行為の中止等は、多専門職種の医療従事者から構成される医療・ケアチームによって、医学的妥当性と適切性を基に慎重に判断すべきである。」という文言中に掲げられている「終末期医療における医療行為の中止」の場合に該当することになります。

　その上で、「多専門職種の医療従事者から構成される医療・ケアチーム」が、「医学的妥当性と適切性を基に慎重に判断すべきである。」と記載しているということは、医学的妥当性と適切性があって、それを慎重に判断するのであれば、延命医療を中止して尊厳死を迎えさせても差し支えないとしているわけです。もちろん、その前提として、①に掲げられている「適切な情報の提供と説明」がなされ、十分な話し合いが行われた上でのことという前提の下においてです。

　この規定は極めて画期的です。というのは、これまで人工呼吸器の取り外しが富山県射水市民病院事件などを含めて何度も問題視され、時には遺族の申出を拒否してあえてその装着を継続するなどしてきた医療界の現状に対し、上記②は、医療・ケアチームが構成された上での同チームでの検討と判断において、「医学的妥当性と適切性」が満たされることを要件として、人工呼吸器の取り外しなどの延命治療の中止を肯定する、すなわち、尊厳死を是認するものだからです。

　もちろん、その際には、「医学的妥当性と適切性」が求められるのですが、原則的に、当該医療・ケアチームが十分に議論し、検討した結果であれば、その当時の判断は、基本的には、この「医学的妥当性と適切性」を満たすものと推認されると考えてよいと思われます。

　というのは、もし仮に、事後的に、別の権威者が「医学的妥当性と適切性」を改めて判断し、それに合致していなければこれが認められないとするので

あれば、どのような医療・ケアチームも、実際上、後の審査を恐れて自らの判断で結論を出すことはできなくなります。そうなると、終末期医療ガイドラインを作成した意味が結果的に無意味となり、これを策定した意図に反することとなるでしょう。

　そうであるなら、明らかに通常の医療上の判断を逸脱したような異常な判断をしているなどの例外的な場合を除き、医療の専門家によって構成された医療・ケアチームが、当時の医療レベルに則して行った「医学的妥当性と適切性」の判断であれば、その医学的判断を専門家による判断として、法的にも実質的にも尊重すべきであるといえると思われます。

　それゆえ、その判断に従って、延命治療の中止を実施した行為は、本来的に、医療行為の一環ということになりますので、医療・ケアチームによる正当な業務行為です。したがって、そのような行為は、先に説明しました刑法35条の「正当業務行為」に該当するといってよいと思います。それゆえ、終末期医療ガイドラインに適切に沿ってなされた判断に従った行為は、構成要件上、殺人罪等に該当しても、刑法35条を適用して、違法性が阻却されると考えるべきでしょう。

〈終末期医療ガイドラインのポイント──患者本人の意思が不明であっても医療・ケアチームの判断で延命治療の中止ができるようになったこと〉

　また、上記⑧「家族がいない場合及び家族が判断を医療・ケアチームに委ねる場合には、患者にとっての最善の治療方針をとることを基本とする。」との規定によれば、患者本人の意思が確認できなくても、また、家族による患者本人の意思の推認ができなくても、最低限、医療・ケアチームとの話し合いにより、延命治療中止の途が開かれることになりました。

　終末期医療ガイドラインでは、本人の意思が分かる場合はそれを最優先にしており、それは上記④、⑤で規定されていますが、それが分からない場合には、まず、家族による患者の意思の推定をするものの、それが不可能であったり、そもそも家族がいなかったりした場合においても、医療・ケアチームによる判断において「最善の治療方針」を採ること、これは場合によっては延命治療の中止をも含まれる治療方針を意味しているのであり、それを可

能としたものです。これは意識を喪失している患者の尊厳死を認めるものとして、極めて重要な事柄です。

　例えば、先に説明しました東海大学病院事件の横浜地裁判決では、安楽死の要件として、患者の明示的な意思表示を要求していましたが、ここでは尊厳死の場合ではあるものの、それを不要であるとすることになるのです。

　このように、終末期医療ガイドラインは、例えば、植物人間状態にあって意思を表明することもできない患者に対して、「尊厳死」を施すことができる道を開いたといっても過言ではありません。

〈終末期医療ガイドラインの法的な効力〉

　もっとも、このガイドラインは、先にも申しましたように、法律ではなく、単に、厚生労働省が一行政機関として作成しただけのものであって、これに従っていれば法的に免責すると約束されたものではありません。しかしながら、このガイドラインは、多くの医師、薬剤師、看護師、法学者らが参加して検討したものであり、その合意の上で策定されたものであることから、法的安定性のある指針として用いることが可能であると思われます。

　したがって、このガイドラインに対して、「法的な免責が明確ではありません。」とか、「ガイドラインに則った行為でも刑事訴追の可能性を懸念する医療者は多い。」として問題視する見解もありますが、それでも、「現場では、ガイドライン通りに対処すれば処罰を受けないとの考えも少しは出てきており、幾つかの病院で延命措置の中止を公表するようになりました。従来なら警察が直ちに介入していましたが、最近では警察も検察も尊厳死の認識が拡がり、事件として取り上げられない傾向にあります。2012年（平成24年）11月11日の朝日新聞の記事によれば、全国の救命救急センターの63％において延命治療をしない経験があるとのことです。」（一般社団法人日本尊厳死協会『新・私が決める尊厳死』〈2013年、中日新聞社〉23頁）とのことであり、終末期医療ガイドラインの効果は大きなものがあったと思われます。

　ただ、それでも、「『ガイドライン通りに対処すれば刑事上、民事上の責任を問われない法的な体制が必要』と考えます。」との主張もなされていますが、それでもこのガイドラインに正しく従っていたのであれば、実際上、法

的責任を問われることはないと思われます。

　この点について、「これらのガイドラインに従ってなされた行為は、許容されうる行為の中から、必要な手続を経て、慎重に実施された行為であることになり、その医学的な妥当性は明らかであるといえる。したがって、ガイドラインに従ってなされた行為は、当然に『治療行為』として正当化されると考えられ、刑法上の責任を問われることはないことになろう。その意味で、手続的な要件を含むガイドラインの遵守は、明らかに、犯罪の成否という実体を左右するものといえる。」（辰井聡子「終末期医療とルールの在り方」甲斐克則編『医事法講座　第4巻　終末期医療と医事法』〈2013年、信山社〉228頁）との指摘は、まさに正鵠を射るものといってよいと思われます。

　私が検事として35年間犯罪捜査などに従事してきた経験に照らしても、終末期医療ガイドラインに沿ってなされた医療・ケアチームの判断に基づく延命治療の中止であれば、検察官としてもそれを尊重し、正当業務行為と認めて、起訴しないといっても過言ではないと思います。

　このように終末期医療ガイドラインが尊厳死における非犯罪化への道を開いたことは明らかなものなのです。

〈予想される医師B及び花子に対する刑事処分〉

　これまで説明してきたように、医師Bによる人工呼吸器の取外しは、延命治療の中止ではありますが、この行為は、先に述べましたように、本来的には延命治療行為の一環として医師による裁量を認めるべきです。そこで、医師Bの判断により、太郎の病状からして回復は不能であり、もはや治療義務としても限界であると判断できるのであれば、それ以上の延命治療は無駄ですから、人工呼吸器の取外しをしても、刑法35条の正当業務行為としての違法性阻却事由が認められることにより、殺人罪は成立せず、犯罪不成立となります。

　もっとも、医師Bとしても、太郎が今後、どうなるのか、いつまで生存できるのかなどが分からないということもあるわけで、医師Bとしても判断しかねるということはあり得ます。そのような場合には、終末期医療ガイドラインに沿って、その勤務先の病院で医療・ケアチームを構成してもらい、そ

の判断で人工呼吸器の取外しなどを行うべきでしょう。この場合、先に述べましたように、その結果を検察官も尊重しますから、殺人罪などとして起訴されるようなことはないといってよいと思います。

　なお、このように医師Bについて殺人罪として責任を問われることは考え難いので、あくまで理屈の問題として、仮に医師Bが殺人罪になるという想定をした場合において、花子が人工呼吸器の取り外しをする意思のない医師Bに働きかけて、その決意をさせて人工呼吸器を取り外させたとしたのであれば、花子は、刑法上、殺人罪の**教唆犯**という立場になることはあり得ます。

　刑法第61条1項は、

　　第六十一条　人を教唆して犯罪を実行させた者には、正犯の刑を科する。

と規定しており、「教唆」、すなわち、人をそそのかして犯罪の実行を決意させることですが、そのようなことをした場合には、それに基づいて実際に犯罪を実行した者、これが**正犯**といいますが、その者に対して科される刑と同じ刑を教唆犯にも科しますということです。

　したがって、医師Bの行為が殺人罪に該当するのであれば、花子は、殺人の教唆をしたことになって、刑法199条の殺人罪の規定にしたがった刑罰を受けることになるのです。ただ、繰り返しになりますが、医師Bの行為は、終末期医療ガイドラインに沿ってなされたものであれば、殺人罪に該当することはありませんので、ここでの説明はあくまで理屈の上での議論だということを忘れないでください。

　実際のところ、人工呼吸器の取外しを依頼した家族に対して、そのような犯罪が成立するとして積極的に警察が捜査をするようなことは考え難いのですが、では、まったくないのかというとそういうわけでもありません。

　というのは、先に述べました東海大学病院事件においては、医師Aが殺人罪で起訴されていますが、それだけでなく長男Cも医師Aに対する殺人の教唆で警察の捜査対象とされていました。実際のところ、この事件は、長男Cらが執拗に医師Aに対して安楽死を要請し、当初は医師Aも、医師としてそのようなことはできないと言って強く拒否していたのですが、最後は根負けしてその犯行に及んでしまったのです。ですから、その意味で医師Aは非常

に気の毒な立場でもあったのです。したがって、この事件では、長男Cも被疑者として警察官や検察官の取調べを受けていますが、最終的な検察官の処分では、不起訴となっています。

第8章　保護責任者遺棄致死罪・殺人罪（不作為犯）
──赤ちゃんにミルクをあげなかったら犯罪になるの？──

事例⑻

　甲野花子は、夫太郎との間に、長男一夫をもうけていた。当初は、二人で育児に励んでいたが、太郎が会社でリストラされ、再就職もうまく行かずにいたことから、太郎はパチンコや酒びたりになり、そのうちには家を出て行ってしまった。そのため、育児は花子一人で負担するようになった。ところが、一夫は夜泣きがひどく、花子がいくらあやしても寝ないということが続き、日中もぐずることが多く、花子も精神的に参ってしまった。そのため、花子も育児ノイローゼのようになり、もう一夫がどうなっても構わない、私は私だ、と思うようになって、育児を放棄するようになった。それゆえ、花子が一夫に十分な食事を与えなかったことから、一夫はどんどん痩せていってしまい、ついには自分では何も食べることができないようになってしまった。そこまで衰弱してしまった際、たまたま花子方を訪れた妹の道子がこれを発見し、すぐに救急車を呼んだため、一夫は一命を取り留めた。

　さて、この場合、花子の行為は、刑法上どのように扱われるのでしょうか。

　また、この場合、花子は、もう一夫を死んでもいいやと思っていた場合と、そこまでは思っていなかった場合とで違いはあるのでしょうか。

〈この事例への考え方〉

　この場合、花子は、一夫に対して、叩いたり蹴ったりするなどの直接的な暴力を加えたりしたわけではなく、単に、何もしなかっただけです。何もしなかったのに、それが犯罪となるのかと思われるかもしれませんが、ただ、

一夫は幼児ですから、親の養育がなければ生きて行けず、死んでしまいます。
　そのため、刑法218条は、

　　第二百十八条　老年者、幼年者、身体障害者又は病者を保護する責任のある者
　がこれらの者を遺棄し、又はその生存に必要な保護をしなかったときは、三月以
　上五年以下の懲役に処する。

とする保護責任者遺棄罪を設けており、花子の育児放棄は、この条文のうち
の「幼年者」に対し、「その生存に必要な保護をしなかった」という構成要件
に該当します。では、このような規定に関して刑法上どのような問題がある
のか、以下に検討します。

〈作為犯と不作為犯〉

　この保護責任者遺棄罪のように具体的な行動に出ないで、何もしないこと
をもって犯罪とする場合を、**不作為犯**と呼びます。殺人などのように、人を
刺すとか、人の首を絞めるとかいうように、何らかの作為をもって犯罪とす
る場合を**作為犯**と呼ぶのと対照的です。
　さらに、その何もしないことをもって犯罪とすることを、条文上、明示的
に規定している場合、この保護責任者遺棄罪がそうですが、このような場合
を**真正不作為犯**と呼びます。他には、刑法130条において、

　　正当な理由がないのに、人の住居若しくは人の看守する邸宅、建造物若しくは
　艦船に侵入し、又は要求を受けたにもかかわらずこれらの場所から退去しなかっ
　た者は、三年以下の懲役又は十万円以下の罰金に処する。

との**住居侵入罪**の規定のうち、後段の「要求を受けたにもかかわらずこれら
の場所から退去しなかった」行為については、**不退去罪**と呼んでいますが、
これは「退去しない」という不作為が犯罪行為とされていますから、これも
真正不作為犯です。
　このような言い方があるということは、その反対の概念として、不真正不
作為犯というものも勿論あります。これは、殺人罪などのように、「人を殺し
た」という作為の形で条文が書かれているものの、それを不作為で実行した

場合に、**不真正不作為犯**と呼ばれます。

　具体的には、刑法199条は「人を殺した者は、死刑又は無期若しくは５年以上の懲役に処する。」と規定しているところ、「人を殺す」という行為を不作為によって実現した場合、殺人の不真正不作為犯として処罰されることになるのです。具体的には、母親が乳児を殺そうと思って、わざとミルクをあげずに餓死させるような場合が考えられるでしょう。

　もっとも、この刑法199条の規定が、もし「作為によって人を殺した者は」という条文の規定になっていたとしたら、その場合には、不作為であれば、「作為によって人を殺した者」には該当しないことになるので、不作為犯の殺人は処罰されることはないという結論になります。ただ、実際には、「人を殺した」というだけの表現ですから、刑法は、不作為による殺人を認めていると考えられるのです。

〈だれでもが不作為犯の主体になるのか〉

　例えば、道路に誰かが行倒れになっていて、見るからに死にそうになっていた場合、それを通りがかりの人が見て、その人が助けなければ、行倒れの人が死んでしまうような場合を考えてみましょう。この場合、通りがかりの人がそれを見捨てて行ってしまったとしたら、その人は、助けてあげなかったという行為に及ばなかったことで、つまり、不作為によって殺人罪を敢行したとされるのでしょうか。

　そのような結論がおかしいことは誰でも分かると思います。たしかに、道徳的には助けてあげるべきでしょうが、だからといって、それが義務とされ、急いでいる事情などがあっても助けるという行為をしないだけで、不作為の殺人罪とされてはかなわないでしょう。

　では、ある母親の友人が一緒にいて、当該母親がミルクを与えずに乳児を餓死させるのを見ていた場合はどうでしょうか。先に、殺人の不作為犯としての例として、母親が乳児にミルクを与えない行為が「人を殺した」という要件を満たすと説明しましたが、この友人についても、母親に対して殺人罪が成立したのと同じように、殺人罪が成立するのでしょうか。単に見ていただけの友人が

殺人罪に問われるという結論も先の行倒れのケースと同様に、ちょっと変だな、おかしいなと感じられると思います。

　では、その差異はどこから生じるのでしょうか。

〈保障人的立場かどうか〉

　結論から申しますと、法律の規定や、契約などで、当該子供などを守るべき**保障人的立場**の者であれば、それを守るための**作為義務**が存在し、その義務に違反して、作為を怠れば、その不作為は作為の場合と同視され、不作為犯として処罰されることになります。

　まず、母親であれば、法律上、子供を養育する義務が課せられています。民法820条では、

　　　第八百二十条　親権を行う者は、子の利益のために子の監護及び教育をする権
　　利を有し、義務を負う。

と規定されており、子供を監護・教育するという作為義務が課せられています。それゆえ、この条文に基づいて母親には乳児にミルクを与える義務があるのに対し、母親の友人にはそのような義務はありません（たとえ道義的にはそれを放置するのが問題であったとしても。）。その違いが母親の不作為は作為義務に違反するものであるから犯罪となり、母親の友人の不作為はそのような前提がないことから犯罪にならないという理由です。ここでの母親の行為は、何もしなかったという、単なる消極的動作というだけでではなく、併せて法律上、母親として当然にすべきものとして期待され、要求された行為をあえてしなかったと評価されるものなのです。

　また、先に挙げた行倒れの事案では、通行人に対しては、いかなる法規などからも道に倒れている人を救護すべきであるという義務は課せられていません。ですから、その状態を放置して通り過ぎても、それが犯罪を構成することはあり得ません。

　しかしながら、もし、一旦はその人が可哀そうだと思って、助けて自宅まで連れてきたとしたらどうでしょうか。当初は助けてあげようと思って連れて来たものの、その後面倒になり、自宅でその後食べ物を与えたりせずに放

置しておいて、結局、餓死してしまったというケースを考えてみましょう。

　この場合、もしその通行人が当初から何もしなかったのなら、その人には何の作為義務もありませんから、一切犯罪は成立しません。しかし、一旦、自己の領域内である自宅に連れてくるなど、なんからの関わりを持つようになった後は、その後のことは責任を持たなければなりません。これは、行倒れの人がいた世界から、自己の領域内に連れ込んだという**先行行為**に基づいて、最後まで面倒を見なければならないという作為義務が発生すると考えられているからです。このような状態になった際には、その人は、保障人的立場に立つことになると考えられるのです。これを**先行行為に基づく作為義務**という言い方をします。

　したがって、先の例で、自宅に連れてきておきながら、何もせずに放置したことで餓死させたような場合には、先行行為に基づく作為義務違反として、その不作為は、殺人罪を構成することになります。

〈保護責任者遺棄致死罪か殺人罪かについての問題の提起〉

　ここでの事例では、花子は、一夫に食事を与えなったことについて、育児放棄として、保護責任者遺棄罪を問題として挙げておきましたが、その他に、母親がミルクをやらずに乳児を死亡させた場合に殺人罪となるとした例も挙げておきました。なお、保護責任者遺棄として何も食事を与えず、その結果、餓死した場合は、保護責任者遺棄という行為（不作為）から、死亡という結果を引き起こしたということで、保護責任者遺棄致死罪という罪が成立します（刑法219条）。

　そこで、保護責任者遺棄致死罪と殺人罪との関係を考えるに当たって、それらの行為は、外形的には、食事やミルクを与えないというだけの何もしないだけなのですが、どのような基準で、ある時は、保護責任者遺棄罪となり、ある時は、殺人罪となるのでしょうか。

　この点は刑法理論的には相当に難問なのですが、実務上では、もっぱら故意の内容で区別しています。

〈故意とは〉

　そこで「故意」って何ですかということが問題になりますが、ここでいう「故意」とは、一般的には、わざと、とか、分かってやった、とか言われるものです。ただ、刑法上は、故意とは、その内容として、自分が行おうとする犯罪の事実関係を**認識**し（その「行為」が犯罪であると分かること）、かつ、その結果を**認容**する（その「行為」が罪を犯すことになると受け容れること）ことを意味すると考えられています。つまり、一定の悪いことを自分がするのだと「認識」し、それにより発生する不都合な結果を「認容」することです。

　例えば、仲の良い友人同士であるAとBが、些細なことから喧嘩となり、Aが友人Bの顔面を殴ったところ、後ろに転倒してたまたま後頭部がコンクリートの地面に当たって脳に傷害が生じて死亡してしまったとします。この場合において、Aは、自己の拳により友人の顔面を叩く行為を当然に「認識」し、また、そのように叩くことで相手が痛がるだろうということも「認容」していることから、その叩く行為自体については、故意が存在します。したがって、この段階で、刑法208条において

　　暴行を加えた者が人を傷害するに至らなかったときは、二年以下の懲役若しくは三十万円以下の罰金又は拘留若しくは科料に処する。

と規定されている**暴行罪**の故意が認められ、また、客観的に「殴る」という「暴行」も加えていることから、Aには暴行罪が成立します。

　また、もし、この場合において、Aは、強く殴ることから、その結果、Bが怪我をすることもあるかもしれないが、それでもいいやと「認容」していた場合には、Bが怪我をした段階で、刑法204条において

　　第二百四条　人の身体を傷害した者は、十五年以下の懲役又は五十万円以下の罰金に処する。

と規定されている傷害罪が成立します。

　しかしながら、元々、AとBは、仲の良い友人ですから、Aの殴打行為によってBが死んでしまっても構わないとは思っていないでしょう。この場合、死の原因となる暴行やその途中経過としての怪我についてまでは認識、

認容しているものの、死の結果については認容していないのですから、この場合には、殺人罪における故意は存しません。したがって、この場合には、殺人罪は成立しません。もっとも、Ａが殴ったという行為で、結果的に死亡していますので、**傷害致死罪**（刑法205条）が成立します。

　このように故意の内容によって、外形的には同じ事実であっても成立する罪が異なる場合があるのです。

〈保護責任者遺棄致死罪か殺人罪かについての問題の結論〉

　先の例は、作為犯の場合の例ですが、不作為犯の場合はどうでしょうか。不作為が犯罪になるのですから、外形的には何も行為はありません。そうなると、どうしても外形的、客観的な側面からは、何罪が成立するのか分かりにくい場合があります。

　ここで問題としている保護責任者遺棄致死罪の場合と、不作為による殺人罪の場合とでは何が違うのでしょうか。

　実際の捜査での処理としては、母親に子供が死亡することについての認識、認容がある場合には、殺意があることになりますので、殺人罪を適用し、そこまでの認識、認容がない、つまり、衰弱することは分かっていたけど、まさか死ぬとまでは思っていなかったという認識、認容にとどまる場合には、結果として子供が死亡しても、保護責任者遺棄致死罪を適用するという扱いになっているといってよいでしょう。

　ただ、そうなると、どのような場合に、殺意まで認められることになり、どのような場合には、そこまで至らないと認められて保護責任者遺棄致死罪にとどまるとされるのでしょうか。実際のところ、これは簡単なことではありません。被疑者となる母親が正直に自分の気持ちを話せば、ある程度は、前述した区分によりどちらの犯罪が成立するか区別することができますが、正直に言わない場合もありますから、そうなると殺意まで認定するのが困難な場合も少なくありません。

　しかしながら、子供を長期間放置していたような事例では、殺人罪が認められた事例もありますので、次にそれを紹介いたしましょう。

〈平成24年３月16日大阪地裁判決（公刊物未登載）〉

　この事案は、被害児童２名（死亡当時３歳及び１歳）の実母である被告人が、それら児童を自宅に閉じ込めておいて、２～３週間にわたって、自らは他所で遊び歩いていたというものです。この事案では、被告人以外には、他に被害児童らの世話をする者はおらず、そもそも被害児童らは被告人の育児放棄によって慢性的な低栄養状態になっていました。にもかかわらず、当時の被告人方は、水道設備がなく、冷蔵庫も空の状態にあった上、被告人は、自宅リビングの扉に粘着テープを貼り付けて被害児童らが出てこられないようにして立ち去り、それ以後、被害児童らに食事を与える手立てをとらないまま帰宅せずに自宅リビング内に放置した結果、被害児童らが発見された際には、いずれも脱水を伴う低栄養による餓死により死亡していたというものです。

　この事案において、被告人は、殺害するつもりはなかったと否認しましたが、被告人は、それほどの長期間、食べ物も飲み物も与えずに、鍵をした室内に放置していたことを認識していましたし、まさにそれら子供らの保護者であったにもかかわらず、それに従った行為に及ばなかったのでした。

　そこで、本件大阪地裁判決は、被告人において、前記被害児童２名に必要な食事を与えなければ同人らがいずれも死亡することを十分に承知しながら放置したと明らかに認定できることから、そこに確定的な殺意を認めることができるとし、懲役30年に処したものです。たしかに長期間にわたって食べ物が何もない部屋に閉じ込めておいて放置すれば、誰が考えても被害児童らは死亡するに決まっていますから、そこに殺意を認めることができるのは当然だろうと思います。

　もっとも、粘着テープをリビングと壁との間に貼り付けて、扉が開かないようにした行為などは、作為による殺人行為ではないかとの疑問も生じないではないでしょう。ただ、本件判決においても当該行為を被害者の死に向けた「作為」としていますが、これは飲食物を与えないという不作為を完遂させるための補助的行為として評価すれば足りるものであり、これだけを別に取り上げて作為による殺害行為とまでみる必要はないものと思われます。つまり、このような行為により、飲食物を与えない、他に助けを求められない

ようにするという状況をより完璧に作り出したと評価できるのであり、いわば被告人の殺意を強力に推認させる事実と評価すべきだろうと思われます。

第9章　詐欺罪（つり銭詐欺）
──間違ったおつりをもらってきたら犯罪になるの？──

事例（9）

　甲野太郎は、近くの酒屋にビールとつまみを買いに行って、ビール3本とチューハイ2本にポテトチップスや裂きイカなどを手にとったところ、その代金合計は1,350円であった。それで太郎は、酒屋のおやじさんに千円札を2枚出したところ、年老いたおやじさんは、それを千円札が3枚あったものと間違えて、おつりとして、500円玉3枚と百円玉と50円玉各1枚の合計1,650円を太郎に渡した。

　太郎は、おつりが間違っていることはすぐに分かったが、これはラッキーと思い、相手が出してくれるのだし、いつも儲けさせてやっているんだからいいだろうと考えて、何も言わずに、そのおつりをもらって帰ってきた。

①　太郎の行為は法的に問題になることはないのでしょうか。

②　仮に、太郎がおつりを受け取った際には百円玉ばかりでもらったものと思って、多すぎたことに気付いておらず、そのまま帰ろうとした際に、おやじさんに呼び止められ、「ちょっと待ってくれ。おつりを渡し過ぎてなかったか。」と聞かれたので、太郎は、もらったおつりを数えてみるとたしかに多かったものの、そのままもらってしまおうと思い、「そんなことないよ。」と言って、そのまま帰った場合はどうでしょうか。

③　では、太郎が家に帰ってからもらったおつりを確認したところ、多すぎたことに気付いた場合にはどうでしょうか。

〈この事例に対する考え方〉

　この事例から以降は、いくつか詐欺罪を取り上げてみたいと思います。こ

の事例は、いわゆる**つり銭詐欺**と呼ばれるものであり、似たようなケースは日常的に起きていることと思います。

　ただ、詐欺罪というのは、刑法の中でも高級（？）な犯罪で、その構成要件や、条文の解釈などにおいて、多くの問題が存しています。そのため、詐欺罪を理解するのは、法学部の学生でも大変なことなのですが、できるだけ分かりやすく説明して理解していただけるように努めたいと思っています。

　そこで、この事例に関してですが、最近は、レジがコンピュータ化されていますので、つり銭の間違いなどは起きにくくなっていますが、昔ながらの現金商売をしているお店もあるわけで、そのような場合などは、時につり銭を間違えるということが起き得ます。なぜかつり銭を少なくもらう間違いのほうが、多くもらう間違いより圧倒的に多いようには思いますが、それでも場合によっては、つり銭を多くもらってしまうこともあると思います。

　皆さんは、そのようなときにどのように対応しているのでしょうか。太郎のように、しめしめ儲かったと思って帰ってきているようなことはないでしょうか。この事例では、間違った金額が多すぎますから、これをそのままもらって帰ってしまうのはさすがに良心が咎めると思いますが、仮に、間違って多くもらったつり銭の金額が100円とか200円程度だったらどうでしょうか。まあ、いいかっと思ってそのままもらってしまう人もいるのではないかと思います。

　ところが、それは立派な犯罪になっているのです。刑法246条で規定されている詐欺罪に該当します。ただ、なぜそれが詐欺罪に該当するのかということを理解するためには、まず、詐欺罪というものがどのような犯罪であり、どのような構成要件から成っているのかなど、基礎的なことが分からないと理解できませんので、少々道のりは長くなりますが、詐欺罪というものの説明から始めます。

〈詐欺罪の種類〉

　刑法246条には、1項と2項にそれぞれ詐欺に関する規定が設けられています。まず、1項は、

　　　第二百四十六条　人を欺いて財物を交付させた者は、十年以下の懲役に処する。

と規定しており、次に、2項は、

　　　2　前項の方法により、財産上不法の利益を得、又は他人にこれを得させた者
　　も、同項と同様とする。

と規定しています。これらの詐欺について、1項で規定されている詐欺罪に
ついては、**一項詐欺**と呼ばれ、2項で規定されている詐欺罪については、**二
項詐欺**と呼ばれていますので、以後、その呼び方で使っていきます。
　大雑把な言い方でいえば、一項詐欺は、嘘を言って相手からお金などを騙
し取るものであり、二項詐欺は、嘘を言って借金の支払を免れたり、その返
済期限を先延ばしするなどの経済的な利益を得るなどの場合を指します。こ
れらの点についても後に詳しく説明します。

〈一項詐欺の構成要件〉

　この条文では、「人を欺いて財物を交付させた」行為が詐欺であると規定し
ています。文字通り読めば、誰かを騙してその者から財物を取得する行為が
詐欺ですが、イメージとしてはすぐに分かると思います。なお、ここで「欺
いて」という行為は、法律上、**欺罔行為**と呼ばれます。

〈被害品としての財物とは〉

　ここでいう財物とは、財産的な価値のあるものであればなんでも含まれま
す。現金や貴金属類などの**動産**（これは「不動産」の対義語であり、移動するこ
とができる物です。）はもちろんのこと、家や土地といった**不動産**であっても
財物に含まれます。ですから、嘘を言ってお金や貴金属類を巻き上げてしま
うのが詐欺になるのはもちろんのこと、同様に嘘を言って騙し、家や土地を
譲渡するために必要な手続をさせて、その登記名義を自分に移転させて変え
て取ってしまったような場合には、それら不動産を詐欺により騙し取ったこ
とになります。
　また、キャッシュカードなども財物に該当します。キャッシュカード自体

〈「人を欺いて」とは——欺罔行為は相手方の財産的処分行為に向けられたものであること〉

は、単なるプラスチックのカードにすぎず、暗証番号とセットでなければ現金を引き出す能力がないものですが、カードそれ自体に財産的価値があるものと考えられています。ですから、暗証番号が分からないまま、嘘を言って、キャッシュカードだけを騙し取ったとしても一項詐欺は成立しますし、また、預金口座を解約していて、もはや使えなくなったキャッシュカードであっても、嘘を言ってそれを騙し取ったら一項詐欺が成立します。

〈「人を欺いて」とは——欺罔行為は人を騙すに足りる内容であること〉

「人を欺いて」という要件を検討する場合、まず、相手を騙す行為、すなわち、欺罔行為が必要ですが、この行為は、相手方を騙すに足りるような事実をあえて告げることです。ですから、例えば、あなたが嫌っている友人がいたとして、誰かが「私が呪ってあげたからその人は病気になったので、お礼として100万円出してください。」と言っても、呪うことで誰かが病気になるとは誰も思いませんから、このような誰もが騙されないような事柄では、欺罔行為には該当しません。

ただ、この種の欺罔行為は、そんなことで騙されるのかと思うようなこともあるので注意も必要です。いわゆる**霊感商法**という詐欺があるのですが、この壺を買うとあなたは幸せになるが、買わないと不幸になるというように申し向けて、単なる壺や印鑑・置物などに、あたかも超自然的な霊力があるように、言葉巧みに惑わせて、不当に高い値段で売り込む商法ですが、これも立派な詐欺です。壺を買ったからといって幸せになれるはずはないのですが、宗教的な色彩を込めるとなぜか人は信用しやすくなるのであって、そんな人の心理につけ込んだ詐欺です。

〈「人を欺いて」とは——欺罔行為は相手方の財産的処分行為に向けられたものであること〉

また、騙す内容は、相手方をして金銭等の財物を出させるような事柄でなければなりません。ですから、「あなたのお父さんが交通事故に遭いました。

すぐに○○病院に行ってください。」と言って、家から出させて、その間に泥棒に入ったとしても、泥棒は、刑法235条に規定されている窃盗罪に当たりますが、その前の段階の騙し文句で家を空けさせた行為は、詐欺罪にはなりません。

たしかに、この場合、嘘を言ってはいますが、詐欺罪にならないのは、被害者が持っている財物を自ら交付させようという行為に向けられた欺罔行為ではないからです。すなわち、詐欺罪が成立するための嘘は、あくまで相手方に対し、その嘘に騙されたから、それで財物を交付したという関係が必要なのです。

この点は、詐欺罪の難しいところなのですが、詐欺罪が成立するためには、まず、

①　相手を騙すに足りる欺罔文言を告げ、

②　相手がそれを信じて騙され、これを**錯誤**に陥るといいますが、

③　錯誤に陥った相手方が、それゆえに、その騙された内容に応じた**財産的処分行為**、つまり、これは財物を騙した相手に交付するなどの行為のことで、

④　財物を交付した結果、**財産的損害**が発生した

という経路をたどることが必要なのです。

したがって、この経路をたどらない場合には、詐欺罪は成立せず、他の罪が成立することになります。例えば、旅館の浴衣を来て、その付近を散策することがありますが、この時、実は、貴女は、旅館の浴衣をもらってそのまま帰ってしまおうと考えていたとします。その際、旅館の玄関で、おかみさんに、「ちょっと出てきますね。」と言ったところ、「どうぞごゆっくり。」と言われたとします。そして、その浴衣のまま、電車に乗って家に帰ってきたとして、この場合、あなたは浴衣の詐欺をしたことになるのでしょうか。

もちろん、浴衣を着たまま家に帰ってしまうつもりであったのに、「ちょっと出てきますね。」などと嘘を言っていますよね。そして、これに対して、おかみさんは「どうぞごゆっ

くり。」と言って了解しています。そうなると、おかみさんが貴女の言葉に騙されて錯誤に陥り、浴衣を取られることを了解するという財産的処分行為をした結果、浴衣が取られて、その分の損害が発生したと考えれば、これは詐欺じゃないかと思われるかもしれません。

　しかし、それは誤っています。というのは、ここでいう「ちょっと出てきますね。」というのは、あくまで付近を散歩してきますねという意味であるところ、実際には家に帰るつもりですから、散歩のために出ていくという点では嘘を言っています。しかしながら、これはあくまで散歩に行くということに関して嘘を言っていただけで、浴衣をもらってしまいますよということで嘘を言ったわけではありません。そのことについては何も言っていないのです。ですから、おかみさんも、散歩に行くんだなと騙されたわけで、浴衣を取られることに関しては何も騙されていません。そんな話題が出ていなかったからです。

　したがって、この場合の「ちょっと出てきますね。」というのは、おかみさんに対して、浴衣を取られるということに関し、何か錯誤に陥らせたり、その錯誤に基づいての何らかの行為をさせるということに向けられた言葉ではないのです。詐欺というのは、相手を錯誤に陥らせ、その結果による財産的処分行為に向けられた欺罔文言を言わないといけないのです。何度も言いますが、この場合は、散策に行くということに関することが話題になっていただけであり、おかみさんの意識もその範囲内で了解していただけで、浴衣を持って帰るということについては、それを了解するとかしないとかいう場面ではなかったからです。

　では、この場合、浴衣を取っていっても何も罪にならないのかと思われるかもしれませんがそうではありません。この場合は、刑法235条の窃盗罪が成立します。刑法235条は、

　　第二百三十五条　他人の財物を窃取した者は、窃盗の罪とし、十年以下の懲役又は五十万円以下の罰金に処する。

と規定しており、ここでいう**窃取**という行為は、相手方の意思に反してその財物の占有を奪うことと解されており、ここでいう「占有」とは、相手方が

その財物を持っているという状態を指します。要は、相手方が了解していないのに相手が持っている物を勝手に持っていってしまうことと理解してもらえればよいでしょう。

　ここでは、浴衣を管理している旅館のおかみさんの意思に反して、勝手に浴衣を持って帰ってしまいましたから、その行為は、浴衣を占有しているおかみさんから浴衣を「窃取」したことになりますので、窃盗罪が成立するというわけなのです。もちろん、実際には、その浴衣は貴女が身に着けているのですが、法的な観点からすれば、それは旅館の物ですから、おかみさんが「占有」しているものと評価されるのです。

〈「人を欺いて」とは──欺罔行為の相手方は人でなければならないこと〉

　先に説明しましたように、詐欺罪は、欺罔行為→錯誤→財産的処分行為→財産的損害という心理過程をたどる必要がありますから、そもそも機械を相手にした場合には、このような心理過程をたどるわけがないので、詐欺罪は成立しません。

　しかし、機械を相手にしていても外形的には詐欺じゃないかと思われるようなケースもあります。例えば、先にキャッシュカードが財物であると説明しましたが、キャッシュカードを騙し取るときに、併せて暗証番号をも聞き出していたとします。そのキャッシュカードと暗証番号を使って、勝手にATMを操作して、その預金者の口座から現金を引き出したとします。この場合、当該ATMに対して、さも自分が本来の預金者であるかのようにふるまって正しい暗証番号を入れて操作したのだから、これは、ATMを騙して現金を引き出したと言えるんじゃないかと思われるかもしれません。

　しかしながら、ATMは機械的な操作に応じて現金を出しただけであって、心理的に騙されたようなことはあり得ません。そのため、この場合には、詐欺罪は成立せず、この場合も窃盗罪が成立すると考えられています。つまり、ATMを管理している銀行等の支店長が「占有」している現金を、その支店長の意思に反して奪っていったと考えるのです。支店長にしてみれば、他人

のキャッシュカードを勝手に使って引き出す行為を許すはずはないので、支店長が占有しているATM内の現金を、その支店長の意思に反して取られたという法的構成にして窃盗罪を認定するのです。

〈二項詐欺の構成要件〉

　二項詐欺といっても、その本質は、一項詐欺と同じです。この条文は、「前項の方法により、財産上不法の利益を得（中略）た者も、同項と同様とする。」と規定しており、先の一項詐欺の場合と同様に、欺罔行為により相手方を錯誤に陥らせ、財産的処分行為をさせた結果、財産的損害を発生させなければなりませんが、この二項詐欺の場合には、その財産的損害が、**財産上不法の利益**となるところが一項詐欺との違いです。つまり、その被害品となるものが、一項詐欺では「財物」であり、二項詐欺では、それが「財産上不法の利益」とされているところが異なるだけです。

　そこで、「財産上不法の利益」とは何を指すのか問題となります。まず、ここでいう「不法」という用語は、その利益を得る方法が「不法」、すなわち、詐欺によって得られたという意味であって、得られた利益が「不法」なものであるという意味ではありません。したがって、被害者側から見れば純粋に「財産上の利益」を取られたということです。

　ただ、この「財産上の利益」というものはかなり抽象的であって理解しにくいものと思われます。法的には、財物以外の財産的利益がすべて含まれます。

　具体的には、代金を支払うつもりもないのにカラオケボックスを使って歌を歌うなどして遊興することや、同様に代金を支払うつもりもないのに旅館でマッサージ師を呼んでマッサージをしてもらうことなどが挙げられます。これらは、いずれも相手方がお金を払ってもらえると思っている状態を利用して、さも代金を支払うつもりがあるかのように装って、それを信用させることで騙し、「カラオケボックスを利用して楽しむ」という財産上の利益を得ましたし、また、同様に「マッサージを受けて身体が楽になる」という財産上の利益を得たのです。これらは財物を騙し取るという形態ではないため、一項詐欺ではなく、二項詐欺となるのです。

　それでは、法律的な説明はこの程度とし、以下、本件の事例に沿って検討しましょう。

〈①において、太郎はおつりが多すぎたことを告げる義務があったのか〉

　この場合、太郎は、本来どうすべきだったのでしょうか。元々よく知っている間柄でもありますし、太郎としては、「おやじさん、おつり間違えているよ。」などと言って、もらいすぎたお金を返すべきでしょう。ただ、これは道徳的にはそうであるにしても、それをしない場合には法律上刑罰を科しますというレベルに至っているのでしょうか。

　この場合は、太郎としては、おやじさんに対し、多すぎたおつりのことを告知する義務があり、その**告知義務**に違反して、そのまま受け取ったことは**不作為による欺罔行為**をしたことになって、一項詐欺が成立します。不作為犯については、既に説明していますが、この場合、太郎は、多すぎたつり銭について告知すべきであるという作為義務があり、その義務違反としての不作為については、作為による欺罔行為があった場合と同様に扱われるからです。

　もっとも、そもそも、太郎にはそんな義務があるのかという疑問を持たれる方もいると思います。我が国における経済取引においては、一般的にいって、**信義誠実の原則**、略して、**信義則**というルールが認められています。これは、取引をする者は、相手方に対して信義に基づき、誠実に行うべきであるとする原則であって、取引全般に通じて存在するものなのです。民法１条２項に、

　　２　権利の行使及び義務の履行は、信義に従い誠実に行わなければならない。

と規定されており、これが信義誠実の原則の根拠となる条文です。

　このように、この原則は、もともとは民事法において発展してきた概念ですが、刑事法の分野でも使われることがあるのです。ただ、かなり道徳に近いような概念ですから、どんな場合にでも使われるということはないのですが、詐欺罪は、取引関係を通じて行われることが多く、人間の信頼関係を悪用することによってその目的を遂げるという犯罪の性質から、取引関係にお

ける信義則が広く適用されるのです。

　したがって、この場合においても、太郎は、おやじさんにつり銭が多かったことを告げる義務があったのです。

〈①の事例において、太郎はつり銭が多かったことを言わなかっただけで何もしていないのに犯罪となるのか〉

　この点については、先にも述べましたが、不作為による欺罔行為があったとされることに問題はないと思います。いくら積極的に嘘をついたわけではなく、ただ、黙っていただけであっても、そこに作為義務があり、その義務違反がある以上、不作為犯として犯罪を構成することになります。

　したがって、太郎としては、信義則に従って、おやじさんにつり銭が多かったことを告げる義務があったにもかかわらず、それを怠り、何も言わないという不作為によって、おやじさんに、正しいつり銭を渡したのだなと思わせてしまったのであり、その点において、おやじさんを欺罔したことになるのです。繰り返しになりますが、何も言わずにつり銭をもらうという行為が、不作為によっておやじさんを騙したことになり、その後、そのままつり銭を持って帰ることで、多すぎたつり銭を失ったという損害を発生させたという一項詐欺を構成することになるのです。

〈②において、聞こえないふりをして黙ってそのまま帰った場合の犯罪は〉

　この場合、まず、受け取った際には、おつりが多すぎていることに気付いていませんから、その段階で、そのもらったおつりをそのまま持って帰ったとしても詐欺罪は成立しません。この場合には、おつりが多すぎたことを認識していませんから、それをおやじさんに告知するという義務も発生しておらず、したがって、その告知義務違反である不作為犯にもならないからです。

　ただ、②では、太郎は、おやじさんに呼び止められてつり銭を数えたところ多すぎたことに気付きました。この段階で、太郎は、おやじさんにそのことを告知する義務が発生したわけです。そこで、例えば、おやじさんの言ったことが聞こえないふりをして何も言わずにそのまま帰ったとしたら、この

場合は、先の①の場合と同じです。告知義務があるにもかかわらずそれに違反して不作為によって詐欺を行ったということになります。おやじさんにしてみれば、つり銭が多すぎないか聞いたものの、そのまま太郎が帰るということは、そうではなかったんだなと思い込むわけですから、そのように何も言わずに帰るという行為が、おやじさんを騙す不作為になるからです。

　結局のところ、つり銭が多すぎることを自分で気づいても、おやじさんから言われて気付いても、その後の告知義務違反と不作為による欺罔行為はまったく同様と言えるということなのです。

〈②において、積極的に嘘をついたことは法的にどのように評価されるのか〉

　ところが、この②では、積極的に、「そんなことないよ。」と嘘を言っています。これはもはや不作為犯ではなく、作為によって嘘を言うことで、おやじさんは、ああ、つり銭を多く出したことはなかったんだと誤信し、渡したつり銭はそのまま持って帰ってもらっていいんだと錯誤に陥ったことになります。その上で、おやじさんは、多すぎたつり銭を返せと言うこともなく、そのまま太郎が帰るのを容認したことで、多すぎたつり銭の金額の損害が発生したということになります。

　この場合は、二項詐欺が成立します。その理由を説明いたしましょう。

　まず、太郎の行為ですが、本来であれば、おやじさんの指摘に従って、多すぎたつり銭を返還しなければなりません。これを民事法的には、**不当利得の返還義務**といいます。民法703条は、

　　第七百三条　法律上の原因なく他人の財産又は労務によって利益を受け、そのために他人に損失を及ぼした者（中略）は、その利益の存する限度において、これを返還する義務を負う。

と規定しているところ、本件に即してこの条文を解説すると、おやじさんのお札の数え間違いという単なるミスに基づいて多くのおつりを渡したということは、契約に基づいてお金を払うなどの「法律上の原因」などがない場合であることは明らかです。そして、太郎は多くのおつりをもらうということで、「他人の財産によって利益を受け」たことになり、そのためにおやじさん

にもらい過ぎたおつりの分を損させていますから「そのために他人に損失を及ぼした」ことになります。そうであれば、太郎は、この条文の前段の要件を満たしますから、「その利益の存する限度において」、つまり、多すぎたおつりはそのまま太郎の手元にありますから、その全額を「返還する義務を負う」ことになります。

このように太郎には多すぎたおつりについて不当利得の返還義務があり、それに対応して、おやじさんには、**不当利得の返還請求権**があります。つまり、おやじさんは、太郎に対し、単なる俺のミスということなので、法律上の原因なくして、俺の財産である、多すぎたおつりを受け取って、お前は利益を得たけど、それで俺がその分の損をしているんだから、それを返してくれという権利を民法が認めているのです。

おやじさんは、そのことに気付けば当然にこの権利を行使して、多すぎたおつりを返せと太郎に請求したはずです。

ところが、太郎は、「そんなことないよ。」と嘘を言っておやじさんを騙しました。これを聞いておやじさんは騙されて、そうか、俺の勘違いか、じゃあ太郎にはそのまま帰ってもらっていいやと錯誤に陥り、それ以上の請求をしないという財産的処分行為をしたのです。それで太郎は、そのまま帰ったことで、返還義務を免れたという「財産上の利益」を得たのです。

これが②において二項詐欺が成立する理由なのです。

〈家に帰ってから気付いた③の場合〉

家に帰ってから多すぎたおつりに気付いたという場合であれば、店内でおつりを受け取った際には多すぎていることに気付いていませんから、そのもらったおつりをそのまま持って帰ったとしても詐欺罪は成立しません。つまり、この場合には、おつりが多すぎたことを認識していない以上、それをおやじさんに告知するという義務も発生しておらず、したがって、その告知義務違反である不作為犯にもならないからです。

そして、もう家にまで帰ってしまったのなら、もはやおやじさんとやりとりをする場面もありませんから、そこに詐欺罪が成立する余地はありません。

そうなるともはや何も犯罪は成立しないのでしょうか。仮に、もらったお

つりが何万円も多かったとしても、そのままもらっておいてよいのでしょうか。もちろん、民事法的には先に言ったように、不当利得の返還義務はありますが、刑事法的には、何ら罪に問われることはないのでしょうか。

　この場合には、刑法254条において、

　　　第二百五十四条　遺失物、漂流物その他占有を離れた他人の物を横領した者は、一年以下の懲役又は十万円以下の罰金若しくは科料に処する。

と規定されている**占有離脱物横領罪**が成立いたします。これは本人の意図によらずして、その占有を離れていってしまった物、一番分かりやすい例は、落とし物ですが、これを勝手に自分の物にしてしまった場合には、この罪が成立し、「1年以下の懲役又は10万円以下の罰金若しくは科料」という刑罰が科せられるのです。

　本件の事例でいえば、おやじさんは、間違って多すぎたおつりを渡してしまったのですから、その多すぎたおつりは、おやじさんの意図に反して、おやじさんの手元を離れていってしまったわけです。おやじさんにしてみれば、いわば道端で現金を落としてしまったことと同じです。それを道端で見つけた人が勝手に持っていった場合にこの罪が成立する以上、太郎が勝手にそのおつりを自分のものにしてしまった場合にも、同様にこの占有離脱物横領罪が成立することになるのです。

　ただ、そうなるとおつりが多かった場合で家に帰ってから気付いたら、また店まで戻って返さないと大変なことになるのかあと嘆かれる方もおられるかもしれませんが、理論上の話としてはこのようになります（もっとも、これと反対の見解もありますが。）。実際のところ、それが何万円もの高額にわたる間違いだったとか、おつりではなくて、物々交換でもらった物が本来もらうべき物と違っていて、すごく高価な物を間違ってもらってしまったというような場合でもなければ、これが刑事罰の対象として問題となることはあまりないだろうとは思われますが、それでも犯罪となることはご理解いただけたと思います。

　このようにおつりの問題といえども、常にきちんとしておかないと、刑事法的には処罰の対象となっているのだということを知っておいていただきた

いところです。

第10章　詐欺罪・電子計算機使用詐欺罪（誤振込）
──間違って振り込まれたお金を使ってしまったら犯罪になるの？──

事例⑩

　専業主婦の甲野花子は、近所のフィットネスクラブの会員になっており、週に2～3回のトレーニングを楽しみにしていた。ここの会費は、銀行預金口座引落しになっており、花子の会費は、近所の○○銀行△△支店の預金口座から引き落とされていた。

　ある日、花子が、上記銀行の預金通帳に記帳をしたところ、身に覚えのない振込があり、その金額が50万円余りに上っていた。花子は、そのような大きな金額が振り込まれるような取引などは一切していなかったことから、これは誰かが振込先を間違って自分のところに振り込んできたのだろうとすぐに分かった。

　実際のところ、上記フィットネスクラブの経理担当者が、会員の預金口座から引き落とされた会費の振込先を変更する際に、同クラブの別の預金口座を銀行に通知しなければならなかったところ、誤って花子の預金口座の番号などを伝えてしまったことから起きた間違いであった。

　花子は、どのような理由であれ、私の口座にあるお金は私のものよと思って、そのお金でハワイ旅行をしようと考え、そのうちの45万円の現金払戻請求手続をし、実際に、45万円の払戻しを受けた。

　花子のしたことは法的に何か問題があるのでしょうか。

〈この事例への考え方〉

　この事例は、おつりを多めに受け取ったという場合よりはスケールが大きく、間違って自分の預金口座に多額のお金が振り込まれたという場合です。そのようなお金を引き出して使うことは道徳的には問題がありますし、民事

法的には先に述べた不当利得返還請求の対象となりますから、必ず後で返さなければならないことにはなりますが、刑事法的には処罰の対象となるのでしょうか。

　特に、近時、これとまったく同様の問題が、山口県阿武郡阿武町で起きました。これは、町の担当者が誤ってＸという人物の口座に4,630万円の資金を振り込んだところ、このＸはそれを返還することなく、勝手にすべて使ってしまいました。このＸは、その後、警察に逮捕されましたが、この事件についても併せて考えてみましょう。

〈平成15年3月12日最高裁決定（刑集57巻3号322頁）〉

　この事例は実際にあった事案を基にしたもので、その事案は、**平成15年3月12日最高裁決定**であり、この決定に最高裁が認定した事実と、それに対する判断が示されています。

　この最高裁の事案では、ある税理士が顧問料の取り立てを集金事務代行業者に依頼していたところ、その振込先の銀行預金口座を変更するに際して、上記業者に対し、誤って顧問先の一人である被告人の○○銀行△△支店の銀行預金口座を通知して、その口座を振込先に指定しまったのです。そのため、被告人の銀行預金口座に集金した上記税理士の顧問料75万円余りが振り込まれてしまいました。

　通帳を見た被告人は、入金される予定のない誤った振込みがあったことを知りましたが、これを自己の借金の返済に充てようと考えました。

　そこで、被告人は、平成7年4月25日、上記△△支店において、窓口係員に対し、誤った振込みがあった旨を告げることなく、その時点で残高が92万円余りとなっていた預金のうちの88万円の払戻しを請求し、同係員から即時に現金88万円の交付を受けたというものでした。

　なお、この場合、詐欺事件として立件され、その被害者は、実際に現金を引き出された銀行ということで起訴されました。

〈本件における最高裁の判断〉

　この事案において、最高裁は、誤った振込を受けた受取人（本件の事例で

は、上記の被告人になります。）が、自己の口座に誤った振込みがあることを知った場合には、銀行において、その誤りを是正して本来の振込先に変更するなどの措置を講じさせるため、誤った振込みがあった旨を銀行に告知すべき信義則上の義務があると解されるとしました。

　これは銀行と当該受取人である預金者との間で、継続的に普通預金取引契約を結んで取引をしている以上、誤った振込があった場合には、それを銀行側に伝える信義則上の義務があるとしたのです。なお、皆さんが銀行に預金をしている行為は、法的には、普通預金取引契約を結んで、その権利を行使しているということなのです。

　そして、最高裁決定は、それに続けて、社会生活上の常識からしても、誤った振込みについては、受取人において、これを振込依頼人等に返還しなければならず、誤った振込金額相当分を最終的に自己のものとすべき実質的な権利はないのであるから、上記の告知義務があることは当然というべきであるとしました。ここで言っていることは誰もが了解可能な常識的ことです。

　このように信義則に基づく告知義務というものが、先に述べたつり銭が多かった場合だけでなく、このような誤振込みの場合にも適用されることが分かると思います。

　その上で、この最高裁決定は、「そうすると、誤った振込みがあることを知った受取人が、その情を秘して預金の払戻しを請求することは、詐欺罪の欺罔行為に当たり、また、誤った振込みの有無に関する錯誤は同罪の錯誤に当たるというべきであるから、錯誤に陥った銀行窓口係員から受取人が預金の払戻しを受けた場合には、詐欺罪が成立する。」と判断を示したのでした。

　これは、信義則上、銀行側に誤った振込みであることを告知すべきであるにもかかわらず、それをせずに払戻しを請求するということは、実際には自分が預金を引き出せる権限などないのに、さもそれがあるかのように装って、つまり、わざわざ自分にその預金を引き出せる権利があるとは銀行側には言わずに、必要な手続を採って引き出そうとするその行為自体が、正しい振込みに基づいた正当な権利者であることを装っていて、欺罔行為に及んでいることになると最高裁は言っているのです。

　すなわち、そのような払戻しを請求する行為自体が、銀行側からすれば本

当に払戻しを受ける権利のある人がそうしているのだと誤信しますから、払戻しを請求する行為それ自体が正当な権利者を装っていることになって、それが欺罔行為となり、さらに、誤った振込みだと思っておらず、正しく振り込まれたものであるということをも信じた銀行側が錯誤に陥り、その結果、実際に払戻しの手続をするということで財産的処分行為をし、現金が請求者の手元に渡ることで銀行側の財産的損害が発生したという一項詐欺が成立することになるのです。

　なお、この最高裁の事案では、誤って振り込まれた金額より多くの金額が引き出されていることから、引き出された金額のうちの一部は本来的には自分のお金になります。88万円から75円余りを差し引いて12万円余りは自分のお金を引き出したことになりますが、この点は、詐欺罪の成否に影響を与えません。つまり、自分のお金に相当する金額についても詐欺罪が成立しているということなのです。

　というのは、銀行側としてみれば、引き出す金額のうちの一部でも引出権限がないものが混じっていれば、その全体について引出しに応じないからです。したがって、この場合は、銀行側としては、その引出請求のあった全額について現金を交付するかどうかについて判断していることから、一部に請求者の権利があるものが含まれていても、他に権利のない部分があるのであれば、その全体について詐欺を働いたことになるからです。

〈予想される花子に対する刑事処分〉

　本件の事案は、上記最高裁決定の事案を基にしたものであり、結論としては、花子について一項詐欺が成立することになります。

　そして、金額も高額ですから、このような場合には、警察により逮捕され、弁償等がなされなかった場合には、検察官により公判請求がされることになると思われます。逆に、全額弁償すれば、被害者の銀行も厳重な処罰までは望まなくなると思われますので、起訴猶予になる可能性が高いと思います。

　なお、参考までに、もし花子がATMでその引出限度額以下の現金を引き出したとしたらどうなるのでしょうか。この場合も本来は引き出せる権限がないことになりますから、△△支店の支店長が占有しているATM内の現金

を、その支店長の意思に反して奪ったことになりますから、刑法235条の窃盗罪が成立することになります。

〈山口県阿武郡阿武町の事件についてはどのように考えるべきか〉

　この事例とほぼ同じような事件が、令和4年4月、山口県阿武郡阿武町で発生しました。同町は、誤ってXに対し、4,630万円を振り込みましたが、Xは、全部使ってしまったとしてその返還に応じず、その後、Xは警察に逮捕されました。ただ、その罪名は、これまで説明した詐欺罪ではなく、電子計算機使用詐欺罪（刑法246条の2）でした。このような違いが出たのはなぜでしょうか。

　それは、前記の事例や最高裁の事案では、花子や被告人は、銀行に対して、対面で払戻請求の手続をしており、その際に、自己の預金払戻請求行為が相手方を欺罔することとなって詐欺罪が成立したからでした。

　ところが、阿武町の事件では、マスコミ報道によれば、被告人は、ネットバンキングシステムを利用したのだろうと思われますが、自己の携帯電話を操作して誤振込みのあった口座からの送金により出金を続けたとのことです。これは、前述しましたように、機械に対するものであって、人を介していませんから、詐欺罪が成立する余地はありません。

　しかしながら、刑法246条の2に、

　　第二百四十六条の二　前条に規定するもののほか、人の事務処理に使用する電子計算機に虚偽の情報若しくは不正な指令を与えて財産権の得喪若しくは変更に係る不実の電磁的記録を作り、又は財産権の得喪若しくは変更に係る虚偽の電磁的記録を人の事務処理の用に供して、財産上不法の利益を得、又は他人にこれを得させた者は、十年以下の懲役に処する。

と規定されている電子計算機使用詐欺罪が成立する余地があるのです。

　ただ、この電子計算機使用詐欺罪という犯罪は、あまりなじみがない犯罪だろうと思われますので、以下では、まず、この電子計算機使用詐欺罪がどのような犯罪であるのかについて概括的に説明します。

〈電子計算機使用詐欺罪が制定された経緯〉

　この罪が制定されるきっかけとなったのは、いわゆる**三和銀行事件**と呼ばれる多額の詐欺等事件が起きたからでした。

　これまでの我が国におけるコンピュータ・システムの発展はめざましく、金融機関をはじめとする経済取引のさまざまな分野で、コンピュータ・システムが有効に機能している中で、コンピュータ・システムを利用した不正行為も増加してきました。そして、㈱三和銀行のある支店に所属する事務職員Aは、同銀行のコンピュータを操作し、同銀行が保有する約1億8,000万円を勝手に引き出して、他支店における架空名義の複数の銀行口座に送金し、そのうちの1億3,000万円を引き出したのでした。具体的には、同日中に、他支店で現金（5,000万円）と小切手（8,000万円）で合計1億3,000万円を引き出し、当時交際していた共犯者Bに引き渡しました。その後、Aはフィリピンのマニラに逃亡し、数カ月間滞在しました。しかし、最終的に逮捕・起訴され、昭和57年7月27日、大阪地裁において、Aに懲役2年6月、Bに懲役5年の判決が言い渡されました。

　この事件では、他店舗で現金や小切手を引き出したのですが、これが対面による手続でなされたことから、これまで説明したように詐欺罪を構成したのです。そこで、それらの事実に基づいて、Aらは、当該詐欺等で起訴され、有罪とされたものでありました。しかし、架空名義の口座への送金については、人を欺くものではなく、詐欺罪（246条）には当たらないとして処分の対象とはされなかったのです。

　この事件はセンセーショナルに報道され、その後、類似の事件が頻発するようになりました。このような状況を受け、政府は、昭和62年に刑法を改正し、電子計算機使用詐欺罪として新たに246条の2を制定したのです。

〈電子計算機使用詐欺罪の構成要件の概要〉

　詐欺罪は人を騙すことによってその人の判断を誤らせて財物や財産上の利益を得る犯罪であるのに対し、電子計算機使用詐欺罪は、コンピュータに誤った情報を入力したり、誤った情報を読み取らせたりすることで、コンピュータに誤った処理をさせて財産上の利益を得るものです。

そして、まず、この条文では、2種類のパターンが規定されており、①「人の事務処理に使用する電子計算機に虚偽の情報若しくは不正な指令を与えて財産権の得喪若しくは変更に係る不実の電磁的記録を作」る場合と、②「財産権の得喪若しくは変更に係る虚偽の電磁的記録を人の事務処理の用に供」する場合であり、その上で、いずれの場合においても、「財産上不法の利益を得、又は他人にこれを得させた」ことが、この罪の成立要件とされています。

〈阿武町の事件における電子計算機使用詐欺罪の成否〉

阿武町の事件では、自己の預金口座がある銀行に対して、本当は、自分のお金ではないのに、さも自分のお金であるかのように扱って、それを取引業者（ネットカジノという報道もありますが）の口座に送金したようですから、この条文のうちの①の場合に該当するものと思われます。

ここでいう「人の事務処理に使用する電子計算機」というのは、他人の権利や利益を得たり、失ったりするような事務の処理に用いるための電子計算機と解釈されていますが、ここでは、当該銀行のネットバンキングなどのオンラインシステムを取り扱っているコンピュータを指すことになります。

そして、本来は自分の口座の残高となっている資金は、自分のものではなく、それを他の口座に送金できる権限などないにもかかわらず、当該コンピュータに、第三者の預金口座に送金するようにとの「虚偽の情報」を与えて、当該預金口座の残高という財産権の得喪に係る「不実の電磁的記録」を作る、つまり、送金するようにとのデータを入力したことで作成された顧客元帳ファイルの口座残高記録が「不実の電磁的記録」ということになり、それを作ったことになります。さらに、その送金の結果、本件のXやその関係者について、「財産上不法な利益を得、又は第三者に得させた」ことになりますから、この条文で規定されている①の行為の構成要件をすべて満たしますので、Xに対しては、電子計算機使用詐欺罪が成立するのです。

ちなみに、阿武町の事件では、令和5年2月28日山口地裁判決で、電子計算機使用詐欺罪の成立を認めました。ただ、被告人が振り込んだ先の業者が全額弁償したため、被害者の損害は回復されたとして、被告人に対し、懲役3年、5年間執行猶予の有罪判決を言い渡しています。

第11章　詐欺罪（キセル乗車）
──キセル乗車は犯罪になるの？──

事例⑪

　甲野太郎は、都内の建設会社で勤務していたが、栃木県宇都宮市内の建設現場への出張が頻繁にあった。もちろん、その出張旅費は会社から支給されていたが、太郎は、家のローンや家計費の支払のため自分の小遣いがほとんどない状態であった。

　そこで、太郎は、キセル乗車をすることで交通費を浮かせ、その分を自分の小遣いにしようと考えた。

　そこで、太郎は、次のような計画を立てた。まず、宇都宮駅に向かうため、品川駅から150円区間有効の乗車券を購入し、これを自動改札機に投入して入場し、列車に乗車して宇都宮駅に向かう。そして、太郎は、予め宇都宮駅が間に含まれるA駅（無人駅）からB駅までを有効区間（この区間内に宇都宮駅がある。）とする片道240円の回数券を買っておき、宇都宮駅ではこの回数券を使って下車する。そして、帰りは、宇都宮駅で180円区間の乗車券を購入し、これを自動改札機に投入して入場し、列車に乗って上野駅に向かい、ここで宇都宮駅に向かう時に使った150円区間有効の乗車券を自動精算機に投入し、品川から上野までの料金との差額50円を投入して精算券を取得し、これを使って上野駅の自動改札機に投入して出場することにした。

　こうすることで東京都区内から宇都宮駅まで往復4,000円ほどかかる乗車料金が1,000円以下で済む計算となった。

　もし太郎がこの計画を実行した場合、太郎には、どのような法的責任が問われることになるのでしょうか。

〈この事例に対する考え方〉

　ここではキセル乗車が問題となります。キセル乗車をしようとする者は、最初の乗車駅の改札を通る際の乗車料金と最後の降車駅の改札を通る際の乗

車料金だけを支払って、その間の部分の乗車料金を免れようとします。それで吸い口と煙草を入れる部分だけが金で出来ており、その間が竹でできているキセルと同じだということでキセル乗車と呼ばれるようになったものですが、これは昔からある古典的な犯罪であり、詐欺罪が問題となります。

　自動改札機が導入される以前には、乗車する際には、近隣の最安値区間の切符を購入してこれで入場し、下車する際には、その下車駅が含まれる定期券を使うなどして出場するという手口が典型例でした。

　最近では、アイドルグループのファンがそのコンサートを見るために新幹線を使う際、一番近い駅までの切符で新幹線に乗り、降りる駅では、同じアイドルグループの仲間のファンが入場券で入っておき、その者から下車に必要な近隣の区間の乗車券なり入場券なりを受け取って出場するという手口も有名になっています。ただ、この方法は、遠くから来たファンに渡すために、駅員の目を盗んで入場を記録させた乗車券や入場券を作る必要があり、簡単なものではありません。

　ただ、昔ながらの駅員に切符を切ってもらったり、定期券を見せたりするような時代のキセル乗車と、現在の自動改札機が使われる場合におけるキセル乗車とでは、適用される罪名等も異なりますので、まずは、キセル乗車の古典的な事例から説明し、次に、現在の自動改札機を使う場合を説明したいと思います。

〈キセル乗車は鉄道営業法違反〉

　そもそもキセル乗車は、明治33年に制定された**鉄道営業法**により処罰されます。この法律では、29条において、

　　第二十九條　鉄道係員ノ許諾ヲ受ケスシテ左ノ所為ヲ為シタル者ハ五十円以下ノ罰金又ハ科料ニ処ス
　　　一　有効ノ乗車券ナクシテ乗車シタルトキ（後略）

との規定に基づき、罰金又は科料に処せられることになります。ただ、この規定は、50円以下の罰金」となっていますが、今どき50円では自動販売機でも使えないレベルですから、これは**罰金等臨時措置法**という法律により、

罰金額が増額されており、それによりますとこの場合は、２万円以下の罰金ということになります。

　ただ、そうはいっても２万円の罰金ではその犯罪に対する抑止力は微々たるものだろうと思います。そんな程度の罰金なら、何回かキセル乗車をすればそちらの方が高くなるだろうと考える者もいるだろうからです。

〈昔ながらの乗車方法による場合のキセル乗車への詐欺罪の適用の可否〉

　まずは、昔ながらの乗車方法で、窓口で切符を買い、改札口の駅員に切符を切ってもらって入場した上で電車に乗り、下車して改札口の駅員に別の切符を渡したり定期券を示して出場する場合を検討します。

　キセル乗車をしようとする者は、最初から途中の区間の乗車料金を支払うつもりはありません。ただ、最初に乗車する際に改札口の駅員に示した切符に対応する区間だけは乗車する権利があります。したがって、乗車する際には駅員を騙したわけではないように思われます。そして、降りる時ですが、この時も別の切符を渡すなり定期券を示すなりしており、その限りでは改札口を出ることができる権利を示しており、駅員を騙したりはしておりません。そうなるとキセル乗車は詐欺罪にはならないのではないかとも思われます。実際に、詐欺罪に当たらないと主張していた学者もいたと思いますし、キセル乗車を無罪とした裁判例も存在します。

　しかしながら、その結論は、どう考えても不当ではないでしょうか。最初から途中の区間の乗車料金を支払うつもりもないのに、さも正規に支払っているかのような態度で乗車しているのですから、それは鉄道会社や改札業務を行っている職員を騙していることに他ならないと思います。この場合、支払うべき乗車料金を免れているのですから、それは「財産上の利益」ですので二項詐欺が問題にならないとおかしいのではないかと考えられます。

　このようなキセル乗車の乗車方法は、改札口を通る際に示した切符が一定の区間については有効に乗車できるものであったとしても、本人の意識としては、その区間以上にもっと遠くまで乗車するというものですから、その示した切符が表しているものと本人の内心の意図とが食い違っています。

　しかしながら、駅員は、その示された切符の区間だけしか乗車しないもの

として受け取っているわけです。そうなると、本人の真意がもっと遠くまで乗車するつもりでありながら、さも短い区間しか乗車しないような素振りをして騙していることになるのではないでしょうか。

　この場合、その切符は単にそのような素振りをするための小道具にすぎず、その小道具を使うことで、駅員に対してはその短い区間だけの乗車をするのだなと誤信させ、その切符に対応する区間なら乗車してもらっても差し支えないと錯誤に陥らせ、改札口を通らせるという財産的処分行為をさせ、その結果、上記区間を超えた区間の乗車がなされることで鉄道会社としてはその分の乗車料金が取得できないという財産的損害が発生したといえるのではないでしょうか。

〈昭和44年8月7日大阪高裁判決（判例タイムズ242号307頁）

　この点が問題となったキセル乗車の事案を扱った**昭和44年8月7日大阪高裁判決**では、「乗車区間の一部について乗車券を所持していても、その乗車券を行使することが不正乗車による利益を取得するための手段としてなされるときは、権利の行使に仮託したものに過ぎず、と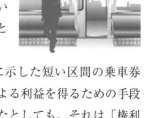うてい正当な権利の行使とはいえないから、その乗車券を有する区間を包括し、乗車した全区間について詐欺罪が成立するといわなければならない。」との判断を示しています。

　この判決で示されているように、乗車する際に示した短い区間の乗車券は、その区間を超えた長い乗車という不正乗車による利益を得るための手段に過ぎないのであり、その短い区間の権利はあったとしても、それは「権利の行使に仮託したもの」に過ぎないといえるところでしょう。そして、この判決では、詐欺罪が成立する範囲として、購入した切符の区間を超えた区間だけでなく、購入した切符の区間を含めた乗車区間全体について詐欺が成立するとしたのです。

　小道具として用いられた乗車券が「権利の行使に仮託したもの」に過ぎないなら、その部分も詐欺の対象としてみてよいのであり、同様に、下車して出場する際に用いた切符も、出場するために騙すための小道具であり、「権利

の行使に仮託したもの」に過ぎませんから、その部分についても詐欺の対象となるといえるのです。

〈現在の自動改札機による場合のキセル乗車への詐欺罪の適用の可否〉

　現在は、これまでに述べたような駅員に切符を見せるなどということは少なくとも大都市ではあり得ません。定期券についても同様であり、いずれも自動改札機に投入するという行為によって乗車します。このような自動改札機が使われる場合であれば、キセル乗車は通常はできません。ただ、場合によっては、事例として挙げたように、無人駅で自動改札機が設置されていない場合には、キセル乗車という方法を用いることも可能な場合があります。

　では、この場合も同様に詐欺罪が成立するといえるのでしょうか。

　この場合には、これまでに述べてきているように、詐欺罪は、「人」に対してしか成立せず、機械では、欺罔されたことで錯誤に陥るなどという一連の心理的な動きがありませんから、詐欺罪になりません。

　そこで、この場合には、これも誤振込みのところで説明しました電子計算機使用詐欺罪が成立します。また、その構成要件に関して説明した際、この罪では2種類のパターンがあり、そのうちの①については、阿武町の事件の説明で解説しています。

　これに対して、このキセル乗車については、上記のうちの②のパターンが問題になります。そこで、これに限定して条文を読み易く直しますと、「人の事務処理に使用する電子計算機において、財産権の得喪若しくは変更に係る虚偽の電磁的記録を人の事務処理の用に供して、財産上不法の利益を得た」行為が処罰の対象となりますので、これに基づいて説明します。

　この②のパターンの構成要件のうち、まず、「人の事務処理に使用する電子計算機」とは何かについて、一般的なことは、先に①に関して述べておきましたが、ここでは、改札口に設置されている自動改札機や自動精算機がこれに該当します。

　そして、そのようなコンピュータにおいて、「虚偽の電磁的記録」を使い、そのコンピュータの行う事務処理において、財産上の利益を得る行為などを処罰の対象とするのですが、ここでいう「虚偽の電磁的記録」というのは、当該コンピュータが使用する事務処理システムにおいて予定されている事務処理の目的に照らし、その内容が真実に反する情報のことをいいます。それを「人の事務処理の用に供」するとは、実際に、当該コンピュータにおいて、その虚偽の電磁的記録を用いて、他人の権利の得喪等に関する事務処理をさせることです。

〈平成24年6月25日東京地裁判決（判例タイムズ1384号363頁）〉

　この事例は、平成24年6月25日東京地裁判決の事案を参考にし、駅名などを若干変更したものです。

　そもそも、この東京地裁判決の事案で、犯人がキセル乗車ができたのは、往路では、宇都宮駅付近に無人駅があり、そこに自動改札機がないことから、入場記録がない回数券であっても宇都宮駅で下車できるということが理由だったのです。犯人側もそのようなシステム上の問題点を知っていたことから、その無人駅と宇都宮駅との区間で乗車できる回数券を買っておくということで下車できると判断したのでした。

　つまり、この場合、下車駅において、本来であれば乗車した駅で使用した切符を自動改札機に投入しなければならないのに、近隣の無人駅が含まれている回数券を投入するということは、自動改札機に回数券でしめされた近隣の区間から乗車したものとして、事務処理をする、すなわち、改札機を開けるという処理をさせるのですから、これは、上述した「予定されている事務処理の目的に照らし、その内容が真実に反する情報」を与えたことになります。つまり、当該自動改札機は、入場記録のない回数券は、その区間内の無人駅から乗車したものと判断してしまうことから、本来であれば乗車駅からの切符を読み込んで処理することが予定されているのに、これと異なった誤った情報を提供して、誤った処理をさせることになるのです。

　また、復路でも、既に乗車した際に持っていた品川駅からの切符がありますから、これを使って品川駅付近の駅で降りることは可能です。ただ、品川駅での自動改札機での入場の際、その時間なども記録されてしまうことから、ほぼ一日経って宇都宮駅から戻った後であれば、わずかな区間であるにもかかわらず、あまりに長時間の乗車時間になってしまっているため、出場の際の自動改札機が乗車時間もチェックしているのであれば異常を発見する可能性があります。犯人は、それを避けるために自動精算機を用いることで（これは当時乗車時間を問題にするシステムは持っていなかったようなので）、新たな精算券を手に入れることで、出場の際の自動改札機もそのまま正当な精算券としてゲートを開けることになったのです。

　この自動精算機に当初乗車した品川駅からの切符を投入する行為は、当該自動精算機が本来予定している処理、すなわち、実際に乗車した駅（この場合であれば宇都宮駅）からの精算手続をするということに対し、虚偽の情報を与えて誤った処理をさせることになることから、この点で、「予定されている事務処理の目的に照らし、その内容が真実に反する情報」を与えたことになるのです。

　本来であれば、自動精算機によってほとんどのキセル乗車は防止できるのですが、無人駅が登場するとそこに自動改札機がないため、その阻止が困難になるのです。もっと端的な例でいえば、都内から乗車して、他県の田舎の無人駅に行く場合には、最短距離の切符で乗って、無人駅ではそのまま出てしまうという、キセル乗車にもなっていない簡単な手口で乗車料金の不払いがなされているという問題も生じているところです。

　ただ、そのようなシステム上の問題があったとはいえ、鉄道会社は既に摘発するための対策を講じていますし、そもそもキセル乗車が立派な犯罪であることをよく認識していただきたいと思います。

〈予想される太郎に対する刑事処分〉

　キセル乗車が発覚しても、その時点では、鉄道会社の被害金額は、せいぜい数千円程度にとどまるのが普通でしょう。ですから、その一回の犯行で、直ちに、公判請求されるかというと若干疑問はあります。しかし、それが常

習的に行われていたということが警察の捜査などで立証されれば、悪質な犯行ということで公判請求されることも十分にあり得ると思います。

　なお、刑罰ではないのですが、鉄道運輸規程19条は、

　　有効ノ乗車券ヲ所持セズシテ乗車シ又ハ乗車券ノ検査ヲ拒ミ若ハ取集ノ際之ヲ渡サザル者ニ対シ鉄道ハ其ノ旅客ガ乗車シタル区間ニ対スル相当運賃及其ノ二倍以内ノ増運賃ヲ請求スルコトヲ得

と規定しており、「相当運賃」と「二倍以外の増運賃」の請求、つまり、３倍までの運賃の請求ができることになっていますから、キセル乗車を繰り返した場合には、相当高額の請求がくるおそれもあります。

　したがって、キセル乗車をして運賃を安くあげようなどとは努々考えないことです。

第12章　偽計業務妨害罪（カンニング）
──入学試験でカンニングをしたら犯罪になるの？──

事例⑫

　Ａ大学の学生である甲野太郎は、定期試験で不合格となってしまい、再試験を受けることとなった。太郎は、今度落ちたら留年だと思い、もはやカンニングでもなんでもやって合格するしかないと決意した。そこで、どうしても覚えられない事項を、油性の極細マジックを使って、左手の手のひらに書き込んでいった。細かく色々な文字を書いたので、手のひらが真っ黒になるほどであった。ただ、手を握れば分からないので、一生懸命に書き込んでいたが、太郎は、なんか「耳なし芳一」になったような気分だなあと思っていた。そして、試験当日、左手を握り込んでいたので、試験官には見つからなかったが、あまりに力を入れて握っていたので、油性マジックであってもにじんでしまい、結局、何も読めなかった。

　もし、読めていてカンニングが成功していたとしたら、太郎の法的責任は、どのようなものと考えられるのでしょうか。

〈この事例への考え方〉

　カンニングに関しては、学生の定期試験などに限らず、これまでもいろんな試験で事件が起きています。

　例えば、平成24年6〜7月頃には、中国人グループによる自動車運転免許試験のカンニング事件により、中国人数名が逮捕、起訴されました。彼ら中国人グループは、運転免許試験場で学科試験を受けた際、ワイヤレスイヤホンなどを用いて試験の正解を聞いて解答するというカンニング行為を行っていました。その結果、試験に合格し、運転免許証を不正に取得しました。

　また、平成23年3月には、大学入試に際して、携帯電話を使って外部と連絡を取り、正解を教示してもらおうとしてカンニング行為に及んだ予備校生が逮捕されるという事件が起きました。

　さらに、同様の事件として、令和4年1月、大学入試共通テストにおいて、受験生が携帯電話で問題を写した上、その画像を外部に送り、正解を教示してもらおうとした事件も発覚しています。

　それら事件においては、いずれも電子機器を用いて外部と連絡を取り、正解を教えてもらうというカンニング行為であって、太郎による古典的なカンニング行為に比べて、高度な手法を用いた知能犯的側面を有しているものです。

　そこで、それらカンニング行為については、どのような犯罪が成立するのか検討するに当たり、まず、上記大学入試におけるカンニング行為における犯罪の成否について考え、その後、事例の定期試験におけるカンニングなどについて検討することといたしましょう。

〈カンニング行為の法的性質〉

　カンニング行為については、一般的には、合格の判定を得るために試験においてなされる様々な不正手段全般を指すものといえましょう。そこで、そのような行為は法的にどのような意味を持つのでしょうか。

　受験行為は、試験を提供する側とそれを受ける側との間の一種の契約であり、あえていえば、受験契約と呼んでもよいと思います。そこには、適正な受験態度で臨むということが、契約上、当然の了解事項として含まれている

はずですし、試験場でも注意的にその旨は告知されています。そして、その契約内容において、試験の際に不正行為があった場合には不合格と判定するという内容が含まれていると考えられるので、不正行為に及べば、民事法的には契約の効果として不合格という結果をもたらすことになるでしょう。

では、これは刑事法的にはどのようなものと位置付けられるのでしょうか。上記のように民事法的には不合格という不利益を被る結果となりますが、刑事法的にはこれを直接的に処罰する規定は存しません。これはあくまで試験を実施する側とこれを受験する側との間の民事的なものとして捉えれば足り、国家が刑罰権を発動してまで臨むべきものとは考えられなかったことによるものと思われます。

しかし、そうであるのなら、カンニング行為は、いかなる場合においても犯罪を構成することはないのでしょうか。残念ながら、そうではないでしょう。入学試験というのは、何を置いても、公正、公平に実施されることが不可欠のものであり、それを害するような行為に及んでおいて、何も犯罪にならないというのでは、真面目に受験した他の受験生からも納得が得られないと思われます。

〈カンニング行為に対して適用される罪は何か〉

そこで、成立し得る刑法上の犯罪として検討した場合、考えられるのは、刑法233条の偽計業務妨害罪です。刑法233条は、

第二百三十三条　虚偽の風説を流布し、又は偽計を用いて、人の信用を毀損し、又はその業務を妨害した者は、三年以下の懲役又は五十万円以下の罰金に処する。

と規定しており、偽計業務妨害罪は、そのうちの「偽計を用いて、人の業務を妨害」することによって成立し、３年以下の懲役又は50万円以下の罰金に処せられることになります。

そこで、カンニング行為がこの構成要件を満たすものであるかどうか、まず検討する必要がありますが、その際、「業務」を妨害するという以上、どのような業務が妨害されたのかを確定しなければなりません。そこで、まず、この入学試験における学校側の「業務」とは何であり、それが「偽計を用い

て」、実際に「妨害」されたのかどうかという順に検討することとしましょう。

〈偽計業務妨害における「業務」とは〉

　偽計業務妨害における「業務」とは、一般的に、「職業その他社会生活上の地位に基づいて継続して行う事務又は事業」と定義付けられており、それは、営利を目的としなくてもよく、また、経済的なものである必要もなく、主たる業務であると付随的業務であるとを問わないとされています。

　このような定義に照らし、学校側の入学試験業務は、大学として入学者を毎年にわたり選抜するという極めて重要な事務ですから、これに該当することは明らかでしょう。つまり、そこでの不正を許すことは、入学試験それ自体の意味をなくさせることに等しいのであって、そのような不正をさせないように監視し、公正、公平、かつ、適正な入学試験を実施する事務が、ここで保護の対象となる「業務」に該当することは当然です。

〈偽計業務妨害における「偽計を用いた」とは〉

　次に、カンニング行為がここにいう「偽計を用い」たことになるのかどうかを検討いたします。ここでいう「偽計」とはどのようなものを指すのでしょうか。これについては、人を欺くことに限定する見解、欺く行為に限らず、誘惑する行為をも含むとする見解、さらには、それらとは異なり、陰険な或いは不正な手段一切を指すとする見解など、様々な見解があるとされています。それらの見解にはそれぞれの理論的根拠があるようですが、結局のところ、どのような不正な行為を対象とし、どのような範囲の不正な行為を「偽計」として捉えるかの違いに過ぎないものと思われます。

　そこで、この点を検討するに当たって、このカンニング行為と類似した行為について、「偽計」行為であると判断された事例として、**昭和61年6月24日最高裁決定**（刑集40巻4号292頁）を見ておきましょう。

　この事案は、固定電話の加入回線に取り付けただけで電話料金を無料にしてしまうマジックホンという器械を、自己の経営する会社事務所に設置して通話を試みた行為が偽計業務妨害罪などに該当するかどうか問題となったも

のです。そして、この事案について、最高裁は、たとえ1回通話を試みただけであっても偽計業務妨害罪が成立するとしました。

この事案に登場するマジックホンという器械を設置して通話料金を無料にする行為は、電話会社である相手方が、どのようなことをされたのか全く知らない状況下において、電話回線をただで利用して料金の支払を免れるという利益を挙げるものです。つまり、電話会社の本来の業務において意図した通話料の取得という結果の発生を阻止し、無料で通話するという、自己の目的を達するという点において、カンニング行為とかなり類似した状況が認められます。カンニング行為は、相手方の不知に乗じて、公正、公平、かつ、適正な試験の実施という結果の発生を阻止し、自らの合格という目的を達成するものであるからです。したがって、このマジックホンが、同様に相手方の不知に乗じて料金請求をさせないものであり、その手段とするところの法的評価に関しては、カンニング行為も同様の法的評価が下せるのではないかと思われます。

それゆえ、この最高裁の判例の考え方を基にして、カンニング行為も「偽計」として捉えることは十分に可能であると思われます。

〈カンニング行為の方法による差異〉

ただ、カンニング行為として、①携帯電話を操作したり、ワイヤレスイヤホンを用いて外部から解答を教えてもらって正解を得るという、高度に現代的かつ知能犯的な手法と、②本件の事例の太郎のように、暗記すべき事項を手に書いて隠しておき、それをこっそり見るという古典的な手法とでは、その「偽計」としての法的評価については異なってもよいのではないかと思われます。

つまり、その両者の行為については、本質的に違法性の程度に関して大きな違いがあることから、つまり、その行為態様に照らして、①の違法の程度は、②の違法の程度より遥かに大きいのですから、その両者の間において、「偽計」という評価について違いがあっても差し支えないのではないかということです。すなわち、その手段、方法の程度によって、その種の行為に違法性が高く「偽計」に該当する行為と認められる場合として、①のような場

合が挙げられ、その場合には、偽計業務妨害罪が成立し、逆に、そこまでの違法性がなく、したがって、②のような場合には、「偽計」とは認められず、偽計業務妨害罪が成立しないとする場合とに分けて考えるのが妥当ではないかということです。

　したがって、偽計業務妨害罪が成立すると認められるカンニング行為は、カンニング行為一般の中においても、①のように、違法性の程度が高いものと認められる手段を用いた場合に限定されると考えるべきでしょう。なお、逆に、②のように、その違法性の程度が低いと考えられる場合についての犯罪の成否については後述いたします。

〈偽計業務妨害における「妨害した」とは〉

　①の場合のようなカンニング行為が、公平、適正な入学試験の実施を妨げるものである以上、それが入試業務を「妨害した」ものと認められることは当然であると考えられます。したがって、①の場合には偽計業務妨害罪が成立します。

〈予想される太郎に対する刑事処分〉

　では、前記②の場合に該当する、本件での事例おける太郎のカンニング行為については、法的にどのような評価がなされるべきでしょうか。先に申しましたように、太郎の行為は、偽計業務妨害罪に規定される「偽計」には当たらず、この罪は成立しないと考えられますが、では、何も犯罪にならないのでしょうか。

　この点については、軽犯罪法１条31号において、

　　三十一　他人の業務に対して悪戯などでこれを妨害した者

に対しては、拘留又は科料に処すると規定されていることを検討する必要があると思います。

　一般的にいって、カンニング行為に及ぶ者の中には、ちょっとした出来心で及ぶ者もいるであろうことは想像に難くありません。そのような悪質性が低い方法で臨んだ者に対しては、偽計業務妨害罪を適用するより、この軽犯

罪法違反として処罰する方が適切と思われます。

　そこで、この軽犯罪法1条31号の構成要件を検討するに、先の偽計業務妨害罪と異なる部分としては、「悪戯など」という部分の要件です。この「悪戯」とは、「一時的なたわむれで、それほど悪意のないもの」と解されています。

　このような解釈を前提とすれば、前述したように、携帯電話を用いて外部から正解を得るなどという手段、方法は、その違法性の程度も大きく、偽計業務妨害罪を以て臨むのが相当であるにしても、単に、暗記用のペーパーを手に隠しておいたり、また、手の平に何らかの記載をしておくなどというレベルのカンニング行為であれば、軽犯罪法違反にとどまると解するのが相当ではないかと思われます。これは入学試験であっても、定期試験であっても同様に解すべきだろうと思います。

　したがって、本件の事例における定期試験での太郎のカンニング行為に対しては、軽犯罪法違反が成立し、拘留又は科料という刑事罰が科されることになります。

〈中国人グループによる運転免許証不正取得に対する法的措置〉

　最初にカンニング行為の例として挙げた、中国人グループによる運転免許証不正取得の事案の場合については、道路交通法に運転免許の不正取得行為に対する罰則等が定められています。

　このような違反について、現在の法制度に基づいて説明しますと、道路交通法では、117条の2の2において、

　　第百十七条の二の二　次の各号の一に該当する者は、三年以下の懲役又は五十万円以下の罰金に処する。

と規定されているところ、同条12号において、

　　十二　偽りその他不正の手段により免許証又は外国人運転免許証の交付を受けたとき。

と規定されています。

　この罪は、偽計業務妨害罪と同じ罰則です。また、この中国人グループの行為は、ワイヤレスイヤホンを使って試験の正解を聞くという不正行為ですから、上記の条文で規定されている「偽りその他不正の手段」に該当することは明らかです。

第13章　威力業務妨害罪（バイトテロ・迷惑行為）
──迷惑行為動画をアップしたら犯罪になるの？──

事例⑬

　甲野太郎（20歳）は、大学が夏休みだったので、友人の乙野次郎（20歳）と一緒に、近くにある飲食店でバイトをすることにした。そこでは、甲野も乙野も、客への注文品の提供や、調理場の清掃、また、簡単な調理作業の補助などを行っていた。

　一日の仕事が終了した午前2時頃、店長も先に帰り、最後の清掃のために店に残ったのが甲野と乙野だけになった。その際、ゴミ箱の中に、客に提供した刺身の残りの魚の骨などが残っていたのを見た甲野は、乙野に対し、「この魚の骨で遊ばないか。」と言って、その骨をゴミ箱から出してまな板の上に乗せ、そのまな板を持って、「お客さん、ご注文の品です。」などと、客に食べ物を提供するかのようなポーズをとっておどけて見せた。すると、それを見た乙野は、「それは面白い。」と言い、「動画に撮ってアップするぞ。」と言って、笑いながら、更に同様の行為を続けた甲野の行為を携帯電話で撮影し、その動画を直ちにSNS上にアップしてしまった。

　甲野や乙野の行為は、法的にどのように評価されるのでしょうか。

〈この事例への考え方〉

　近時、このようなバイトテロ動画や、客による迷惑行為動画をアップする

という事件が相次いでおり、飲食店側に多大なダメージを与えるなど、大きな社会問題になっています。バイトテロでは、厨房で床に落ちた鶏肉のようなものを唐揚げとして揚げているような動画や、調理場の食材を使って悪ふざけをするような動画がアップされましたし、客の迷惑行為としては、回転寿司店で卓上に置かれた醤油に口をつけて飲んでみせたり、卓上に提供されている食材を共用のスプーンで食べて見せたり、使った爪楊枝をもとの瓶に戻す行為などの動画がアップされています。

　このような行為の例は挙げればきりがないほどであり、いかに多くの迷惑行為がバイトや客によって行われているかあきれるほどです。これらの行為に及んだ場合において、なかには多額の損害賠償請求をされた例もあるようですが、刑事法的にはどのような取扱いになるのでしょうか。

〈業務妨害罪の成否〉

　バイトテロ動画や客による迷惑行為動画がSNS上にアップされた場合、当該飲食店の衛生管理に疑いが生じることになって、客足が遠のくことは当然に予想されますから、そのような迷惑行為が当該飲食店の「業務」を妨害していることは間違いないでしょう。ここでいう「業務」の内容については、先の第12章で、カンニングの問題に関連して説明していますが、「職業その他社会生活上の地位に基づいて継続して行う事務又は事業」と解されますから、飲食店の営業がこれに該当することは明らかです。

　そこで、業務妨害について、刑法はどのように規定しているかについては、先にカンニングに関して説明しましたように、刑法233条で、

　　第二百三十三条　（前略）偽計を用いて（中略）その業務を妨害した者は、三年以下の懲役又は五十万円以下の罰金に処する。

と規定されている偽計業務妨害罪と、それ以外にも、刑法234条で、

　　第二百三十四条　威力を用いて人の業務を妨害した者も、前条の例による。

と規定されている威力業務妨害罪があります。基本的に、業務妨害行為であ

れば、このいずれかに該当することになります。偽計業務妨害罪に関しては、既に説明しているので、ここでは、威力業務妨害罪について解説します。

〈威力業務妨害罪とは〉

　刑法234条の威力業務妨害罪が偽計業務妨害罪と異なるのは、その手段・方法が「威力」によるというところだけです（刑罰の内容も「前条の例による。」と規定されていますので同じです。）。では、この「威力」というものはどういうもので、先に述べた偽計業務妨害罪とは適用場面において、どのような違いがあるのでしょうか。

　ここでいう「威力」とは、**昭和28年１月30日最高裁判決（刑集７巻１号128頁）**によれば、犯人の態度、人数や周囲の状況からみて、被害者の自由な意思を制圧するに足りるだけの威勢であるといわれています。要は、怖そうな態度で、誰かに圧力を掛けているような状況を指すのだと思っていただければよいかと思います。一般的には、大勢で押し掛けて、自分たちの思うとおりにさせようとして怒鳴ったり、きつい口調で申し入れたりして、営業を妨害するなどの行為をイメージしてもらえればよいかと思います。

　具体例としては、**昭和30年12月22日広島高裁岡山支部判決**の事案ですが、キャバレーの開店披露の日に、客席において、持ち込んだコンロで牛の内臓やにんにくを焼いて悪臭を放った上、大声で騒ぐなどし、満員になっていた他の客を帰らせてしまって営業を妨害したという事案において、威力業務妨害罪が成立すると認められています。

〈本件事例における適用罪名〉

　ただ、これまでの説明によると、ここでいうバイトテロ動画や客による迷惑行為動画がアップされることは、誰かを騙すような「偽計」を用いたものではありませんし、また、誰かの意思を制圧するような威勢による「威力」を示したわけでもありませんから、偽計業務妨害罪にも、威力業務妨害罪にも該当しないのではないかと思われるかもしれません。

　しかしながら、一般的な考え方として、事実関係として、「業務」を妨害していると認められる以上、偽計業務妨害罪か威力業務妨害罪か、そのどちら

かには該当すると考えられているので、バイトテロの動画にしても、客によ
る迷惑行為の動画にしても、そのどちらかには該当すると解釈されることに
なります。

　そこで両罪の違いですが、偽計業務妨害罪の場合は、一般的に、非公然、
隠密的ですが、威力業務妨害罪の場合は、公然、公示的、可視的であるとい
う違いがあると解釈されています。

　ここで、そのための判断の参考になるものとして、**平成４年11月27日最高
裁決定**（刑集46巻８号623頁）の事例が挙げられます。これは、消防署の消
防長に嫌がらせをするため、その業務机の引出
しに赤く染めた猫の死骸を入れるなどして、消
防長に著しい不快・嫌悪の念を抱かせ、その事務
の執行を不可能にさせてしまったものですが、
この事案において、最高裁は、威力業務妨害罪が
成立すると判断しています。

　また、例えば、コンビニエンスストアの前に、異様な雰囲気の者らが大勢
でたむろするなどして来客を妨げるような行為は、被害者たる経営者に対し
て向けられた行為ではないものの、威力業務妨害罪が成立すると考えられて
います。入口での異様な雰囲気によって、客が入りにくくなることで、営業
が妨害されるのですから、それは威圧的なものと評価でき、「威力」による業
務妨害といってよいといえるからです。

　この考え方や、先のような最高裁の判断に照らせば、バイトテロ動画や客
の迷惑行為動画は、直接的な威力を用いて、客の来店を妨害したわけではな
いものの、不衛生な動画などをインターネット上にアップすることで、来客
に不快の念を抱かせ、当該飲食店への来訪を断念させるものであることに鑑
みれば、その動画のもつ不衛生な威圧感が営業を妨害するものとみてよいで
しょう。ですから、威力業務妨害罪が成立すると考えればよいかと思います。

〈予想される太郎や次郎に対する刑事処分〉

　本件で、太郎も次郎も面白がって遊び半分の気持ちでしたことではあった
と思いますが、当該飲食店にとっては大ダメージになると思います。被害の

大きさを考えると、軽々な処分では済まないと思うべきでしょう。また、同様の模倣犯が多数出ていることも踏まえると、警察、検察としては、一罰百戒とまではいかないにしても、甘い処分をすると、その程度で済むならということで、類似の行為に及ぶ者が次から次へと出てくるおそれがあります。したがって、基本的には、威力業務妨害罪により公判請求されるものと思っておくべきでしょう。

〈参考になる他の事例〉

　上述したように、本件の事例では、威力業務妨害罪が成立すると申しましたが、同様の意図でなされた動画のアップが、偽計業務妨害罪で起訴されて、その罪名のままで有罪とされた事例がありますので、参考までにここで紹介しておきます。

　これは、令和３年２月26日東京地裁判決であり、新型コロナウイルス感染症（COVID-19）に関連する被告人の犯行が、特定の飲食店の営業を妨害したものとして偽計業務妨害罪と認定され、処罰の対象となったものでした。

　具体的には、被告人は、実際には自らが同感染症に罹患していないのに、令和２年３月17日午後８時15分頃、SNS上に「私はコロナだ」と投稿いたしました。そして、約１時間後の同日午後９時14分頃、東京都内の飲食店「Ｃ店」において、前記投稿に引き続き、同店のロゴが付されたビールグラスを含め、同店内での飲食の様子を撮影した写真とともに、「濃厚接触の会」と表示して投稿し、あたかも感染症に罹患した者がＣ店で飲食をしているかのような印象を与えるような投稿をしたのでした。

　そのため、この投稿に気付いた同店の関係者は、警察への通報や同店従業員に対する入念な消毒等の指示を余儀なくさせられました。そのことで、同店の正常な業務の遂行に支障を生じさせたことから、業務妨害罪が成立することとなり、さらに、この場合、自己が新型コロナウイルス感染症に罹患していないのに、その点で嘘を言って業務を妨害したことから、それをもって「偽計」として捉え、偽計業務妨害罪と認定されたものでした。

おわりに

　これまで述べてきた事例は、普通に生活している人々が実際に行ってしまうことがあっても決して不思議ではないものばかりです。ここでの解説を頭に入れておくことで、危険な領域に近づかない、また、近づいても間違った判断をしないというようになっていただければ、この本を読んでいただいた価値があることになります。

　後になって、しまった、あんなことをしなければよかったと後悔しても、もう起きたことを元に戻すことはできません。身近な犯罪に「陥らない」ことこそが最も肝心なことであることを心しておいてください。

著者紹介

城　祐一郎（たち・ゆういちろう）

1957年10月　愛知県生まれ。
1980年10月　司法試験合格。
1983年4月　東京地方検察庁検事任官。
　　以後、大阪地方検察庁特捜部副部長、同交通部長、同公安部長、法務省法務総合研究所研究部長、大阪高等検察庁公安部長、大阪地方検察庁堺支部長、最高検察庁刑事部検事、同公安部検事等を歴任。
2016年4月　明治大学法科大学院特任教授・最高検察庁検事。
2017年4月　最高検察庁刑事部検事・慶応義塾大学大学院法務研究科非常勤講師。
2018年4月　昭和大学医学部法医学講座教授（薬学博士）
　　　　　　慶應義塾大学大学院法務研究科非常勤講師（国際刑事法担当）
　　　　　　警察大学校講師
　　　　　　ロシア連邦サンクトペテルブルク大学客員教授

主要著書

『マネー・ローンダリング罪の理論と捜査』(2007年、立花書房)、『海事犯罪——理論と捜査——』(2010年、共著、立花書房)、『〈実践志向の捜査実務講座〉特別刑事法犯の理論と捜査［1］知能犯　労働災害』(2011年、立花書房)、『Q&A実例取調べの実際』(2011年、共著、立花書房)、『「逃げ得」を許さない交通事件捜査——新しい角度からのアプローチ——［第2版］』(2011年、立花書房)、『捜査・公判のための実務用語・略語・隠語辞典』(2011年、立花書房)、『〈実践志向の捜査実務講座〉特別刑事法犯の理論と捜査［2］証券犯罪・選挙犯罪・環境犯罪・知能犯Ⅱ』(2014年、立花書房)、『盗犯捜査全書——理論と実務の詳解——』(2016年、立花書房)、『ケーススタディ危険運転致死傷罪』(2016年、東京法令出版)、『Q&A実例交通事件捜査における現場の疑問［第2版］』(2017年、立花書房)、『殺傷犯捜査全書——理論と実務の詳解——』(2018年、立花書房)、『現代国際刑事法——国内刑事法との協働を中心として——』(2018年、成文堂)、『取調べハンドブック』(2019年、立花書房)、『知恵と工夫の結晶！　組織犯罪捜査のツボ』(2021年、東京法令出版)、『性犯罪捜査全書——理論と実務の詳解——』(2021年、立花書房)、『現代医療関係法』(2022年、成文堂)、『医療関係者のための実践的法学入門［第2版］』(2022年、成文堂)、『マネー・ローンダリング罪——捜査のすべて——［第3版］』(2023年、立花書房)

あなたも陥る身近な犯罪

2023年11月25日　初版第1刷発行

著　者　城　祐一郎

発行者　阿部成一

〒162-0041 東京都新宿区早稲田鶴巻町514

発行所　株式会社　成文堂
電話 03(3203)9201(代)　　FAX 03(3203)9206
http://www.seibundoh.co.jp

製版・印刷・製本　恵友印刷　　　　　　　　検印省略

定価（本体1,600円＋税）